경제 예측 **뇌**

KEIZAI YOSOKUNOU DE JINSEI GA KAWARU! by Keisuke Nakahara
Copyright ⓒ 2010 Keisuke Nakahara
Korean translation copyright ⓒ 2011 Dasan Books Co., Ltd.

All rights reserved.
Original Japanese language edition published by Diamond, Inc.
Korean translation rights arranged with Diamond, Inc.
through BC Agency.

이 책의 한국어판 저작권은 BC 에이전시를 통한 저작권자와의 독점 계약으로 다산북스에 있습니다.
저작권법에 의해 한국 내에서 보호를 받는 저작물이므로 무단전재와 복제를 금합니다.

경제 예측 뇌

초판 1쇄 인쇄 2011년 9월 30일
초판 1쇄 발행 2011년 10월 10일

지은이 나카하라 케이스케
옮긴이 최려진
펴낸이 김선식

1st Creative Story Dept. 변지영, 신현숙, 김희정, 양지숙, 이 정, 송은경
Creative Design Dept. 최부돈, 황정민, 박효영, 김태수, 손은숙, 이명애
Marketing Dept. 모계영, 이주화, 정태준, 신문수
Communication Team 서선행, 박혜원, 김선준, 전아름
Contents Rights Team 이정순, 김미영
Management Team 김성자, 송현주, 김민아, 권송이, 류수민, 윤이경, 김태옥

펴낸곳 (주)다산북스
주소 서울시 마포구 서교동 395-27번지
전화 02-702-1724(기획편집) 02-703-1725(마케팅) 02-704-1724(경영지원)
팩스 02-703-2219
이메일 dasanbooks@hanmail.net
홈페이지 www.dasanbooks.com
출판등록 2005년 12월 23일 제313-2005-00277호

ISBN 978-89-6370-660-3 (03320)

• 책값은 표지 뒤쪽에 있습니다.
• 파본은 본사와 구입하신 서점에서 교환해드립니다.
• 이 책은 저작권법에 의하여 보호를 받는 저작물이므로 무단 전재와 복제를 금합니다.

적중률 1위 이코노미스트가 말하는
경제 예측 뇌

나카하라 케이스케 지음 | 최려진 옮김

프롤로그

왜 경제 예측 뇌인가?

"시대에 농락당하다."라는 말이 있다.

전쟁 때문에 인생이 망가지거나 대공황으로 인해 한순간에 전 재산을 잃는 불가항력적 경우를 표현하는 말이다. 누구나 자신이 생각한 대로 인생을 살 수는 없다. 시대가 격변한 탓에 노력하며 살았지만 그만큼 보상을 못 받기도 한다.

성실하게 일했는데 왜 월급이 오르지 않을까?

일하고 싶은데 어째서 일할 기회가 없을까?

아이를 낳고 싶지만 안심하고 낳을 환경이 못 되는데 어쩌면 좋을까?

지금 진행되는 글로벌 경제의 변화는 우리의 생활과 인

생 설계를 크게 뒤틀어놓으려 한다. 정치나 경제 탓을 하기는 쉽지만 그렇다고 해서 문제가 해결되는 것은 아니다. 정치와 경제 등 세상을 움직이는 시스템제도에 문제가 있다면 시스템 자체를 개선하든지, 백번 양보해서 현재의 시스템을 받아들여 그 시스템 안에서 살아갈 방법을 궁리해야 한다.

이 책의 주제는 어떻게 시대의 변화를 읽어낼지, 변화된 새로운 시스템을 어떻게 헤쳐 나갈지를 생각하는 것이다. 그러기 위해서는 '경제 예측 뇌'가 필요하다.

경제 예측 뇌라고 하면 언뜻 국내총생산GDP 성장률 예측, 주가 예측 같은 전문 분야에 활용되는 능력을 떠올릴 수도 있다. 그러나 이 책에서 설명하는 경제 예측 뇌는 하루하루의 삶과 인생을 더 낫게 만드는 데 도움이 되는 사고방식 또는 사고법을 말한다.

예를 들어 취직이나 이직을 고려하고 있다면 되도록 연봉이 높으면서 탄탄한 회사에 들어가려는 것이 당연하다. 그러나 현 시점에서는 무척 실적이 좋은 회사라도 미래를 내다보는 비즈니스 모델이 진부해 성장이 둔화될 가능성이 있다. 10년, 20년 후 그 회사의 비즈니스 환경이 어떻게 될지 미래를 읽을 수 있다면 입사할 회사를 제대로 선택할 수 있을 것이다.

자산운용에서도 이후의 경제정세 변화를 읽을 수 있느

냐 없느냐에 따라 운용성과에 큰 차이가 난다. 나는 2008년 9월 15일 미국 증권계의 거대 기업 리먼브러더스가 파산한 사건, 즉 리먼쇼크가 발생하기 3년 전인 2005년에 미국의 주택버블 붕괴로 2007년 무렵부터 세계경제에 대혼란이 일어나고 전세계 주가가 대폭락할 것이라고 예견했다. 하지만 현실은 나의 예견과 딱 맞아떨어지지는 않았다.

2005년부터 2007년 상반기까지 일본은 호황을 맞아 주식시장이 성황을 이루었다. 사람들은 눈앞에 보이는 실적에 눈이 멀어 미래를 낙관하고 있었다. 미국의 주택버블이나 서브프라임 모기지 규모가 커지는 것이 그리 문제시되지 않았다.

많은 개인투자자가 미국 주택버블의 위험성을 2007년 상반기에만 알았어도 엄청난 손실을 입지 않았을 것이다. 하지만 개인투자자들은 공격적으로 주식투자를 했고, 투자신탁에 유입되는 자금도 급격하게 늘었다. 이 시기에 투자신탁을 구입한 사람 중에는 리먼쇼크 탓에 전세계 주가가 동시에 폭락하는 바람에 어마어마한 자산 손실을 입은 이들이 적지 않다.

경제 예측 뇌를 단련하면 자산운용은 물론이고 취직이나 이직, 결혼, 주택 구입 등 인생의 중대사에 적절한 판단을 내릴 수 있다. 기업 경영자라면 경제 상황의 변화를 앞서서 읽고 쓸모없는 설비투자를 안 하거나 여분의 재고를 줄일 수 있다. 물론 경영자가 아니라도 경제 예측 뇌는 비즈니스에서 성공하는 데 유용한 무기가 된다.

혼돈의 시대를 살아내기 위해서는 시대의 본질과 변화를 제대로 파악하고 변화에 맞추어 살아나갈 힘을 갖추어야 한다.

한국이나 일본의 정치·경제 시스템은 자본주의와 민주주의 위에 성립되었다. 자본주의의 본질은 '약육강식'이다. 자본주의 사회에서는 경기가 침체되면 약자가 넘쳐난다. 그런 사람들을 구제하는 것은 본래 정부가 할 일이다. 자본주의의 본질이 '약육강식'이라면 민주주의의 본질은

'공평하고 평등한' 사회를 실현하는 것이며, 두 가지를 조절하는 것이 정부의 역할이다.

그런데 유감스럽게도 지금의 정부는 약자를 구제할 비전이 없다. 정권이 바뀌어도 돈 뿌리기식의 경제정책은 변함없이 계속되고 있으며, 이런 돈 뿌리기 정책은 국가 빚을 눈덩이처럼 불리고 약자 구제를 위해 써야 할 예산을 집어삼킨다.

따라서 정부나 기업의 구제를 기대하지 말고 자신의 힘으로 혼돈스러운 시대를 살아가야만 한다. 힘겨운 시기는 앞으로 10년, 20년 지속될 것이다. 힘든 상황에서도 풍요롭게 살기 위해서는 자신을 단련하고 경제 예측의 수준을 높일 필요가 있다.

경제 예측 뇌를 철저히 단련하고 앞으로 일어날 미래를 되도록 명확하게 그려보면서 그 미래를 향한 노력을 계속해야 한다. 답답하고 느린 방법일 수 있으나, 세계적인 경제위기 속에서 살아남기 위한 최선의 방법임을 확신한다.

차례

프롤로그
왜 경제 예측 뇌인가? **4**

Chapter 01 경제학만으로는 경제 예측을 할 수 없다
위기의 본질과 연쇄 경제 17
경제학의 한계 31
거시경제학은 유효한가 47

Chapter 02 내가 경제 예측 뇌를 갖추기까지
경제 예측에 다른 학문이 필요한 이유 59
학문의 연결고리를 파악한다 67

Chapter 03 역사에서 배우는 미래 예측의 지혜
리먼쇼크는 필연 77
100년 번영을 넘기지 못하는 이유 85

Chapter 04 심리학으로 읽어내는 경제
욕망과 공포, 되풀이하는 실수들 95
버블은 어떻게 발생하는가 103
주가 폭락의 메커니즘 111
판단을 그르치는 심리적 선입견 117
다양한 입장에서 생각하면 경제가 보인다 129

Chapter 05 철학으로 들여다본 경제의 이면

세상을 통찰하는 눈이 생긴다 137
돈과 행복이 점점 멀어지는 이유 147
본질을 말하는 경제 예측 155
뇌의 지구력을 키우는 철학 163

Chapter 06 신문 읽는 능력과 경제 예측

사소해 보이는 기사를 주시하라 171
신문에서 발견하는 디플레이션 징조 177
어쨌든 종이신문을 읽으라 185
선입견을 버려야 한다 191

Chapter 07 세계경제를 바꾸는 두 가지 흐름

금융 의존 경제의 붕괴, 환경산업의 부상 203
리스크는 각국 정부로 넘어간다 215

에필로그

다가오는 힘든 시기를 가뜬하게 살아가기 위해서 **220**

참된 경제학은 사회 정의를 위해서 존재한다.
마하트마 간디

01 위기의 본질과 연쇄 경제

經濟豫測腦

 우리가 미국의 주택버블을 미리 예측하지 못한 이유는 세계경제가 어떤 시스템으로 성장하는지 이해하지 못했기 때문이다. 2002년부터 2007년 가을까지 세계경제 성장은 한마디로 미국경제의 성장에 의해 지탱되어 왔다. 미국경제가 악화되면 세계경제가 대혼란에 빠질 것은 자명한 일이었다.

 그러면 어떻게 해서 미국경제의 성장이 세계경제 성장을 지탱하게 되었는가. 그 경위를 간략하게 살펴보면, 세계경제가 2007년 가을까지 연간 5%라는 높은 경제성장률을 유지할 수 있었던 것은 미국에서 2002년 무렵부터 일어난 주택버블과 금융버블이 가장 큰 요인이다. 두 가지 버블은 우연히 발생한 것이 아니다. 2001년 무렵 기울기 시작한 미국경제를 다시 일으키기 위해서 미국 정부가 인위적으로 만들어낸 버블이다.

문제의 발단은 2001년에 일어난 'IT버블'의 붕괴였다. 미국에서는 1999년부터 2000년에 걸쳐 구글, 마이크로소프트, 인텔 같은 IT 관련 기업에 대한 투자가 큰 유행이었다. 이른바 'IT버블'이다. IT기업들이 상장한 미국 신흥시장 나스닥의 평균주가 지수는 1996년의 1,000포인트 대에서 1999년 2,000포인트 대, 2000년 3월 10일에는 역대 최고치인 5,048포인트까지 가파르게 상승했다. 미국뿐만 아니라 전세계에서 닷컴붐이 일면서 각국의 IT기업 주가가 크게 상승했다.

거품이 너무 많으면 곧 터지기 마련이다. 2001년 IT버블이 붕괴되자 나스닥 지수는 1,000포인트 대로 급락했다. 미국의 IT산업계에서는 50만 명이 넘는 실업자가 생겨나고 미국경제의 성장까지 위협했다. 2001년에 발발한 9·11

테러도 미국경제의 앞날에 어두운 그림자를 드리웠다.

미국연방준비제도이사회_{미국의 중앙은행, FRB}는 미국경제를 되살리기 위해 급격한 금리인하를 단행했다. 미국의 정책금리_{Federal Fund Rate, FFR}는 IT버블이 붕괴한 2001년의 6.50%에서 2003년에는 1.00%까지 떨어졌다. 이렇게 금리를 대폭 내리자 대량 자금이 넘쳐났다. 그 자금이 주택버블과 금융버블을 낳았다. 말하자면 이 두 가지 새로운 버블은 IT버블 붕괴로 기울기 시작한 미국경제를 다시 일으키는 호재로 작용했던 것이다.

금리인하로 인해 주식시장에 대량의 자금이 유입됨으로써 미국 주식거래는 숨통이 트였다. IT버블 붕괴 이후 1,000포인트 대까지 급락했던 나스닥 지수는 2007년 10월에는 2,800포인트 대까지 회복했다. 뉴욕 다우존스 지수도 9·11 테러 직후 8,000포인트 대에서 2007년 10월 9일에는 역대 최고치인 14,164포인트까지 70% 이상 상승했다.

주택시장에 대한 투자 유입도 확대되었다. 금리가 큰 폭으로 내려가자 남아도는 자금을 끌어안은 미국 은행은 변제능력이 낮은 개인에게까지 주택자금을 빌려주기 시작했

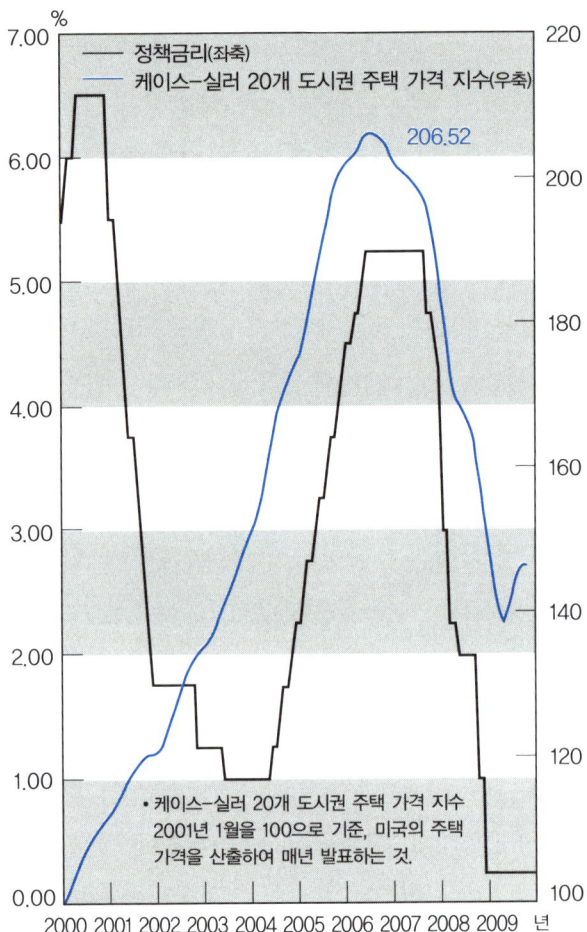

〈미국의 정책금리와 주택 가격의 추이〉

다. 이것이 바로 '서브프라임 모기지'다. 즉 신용이 낮은 개인에게 주택융자를 해주는 것이다.

서브프라임 모기지는 변제능력이 낮은 개인이라도 쉽게 갚을 수 있도록 처음 2~3년 동안은 낮은 금리를 적용하거나 이자만 내도록 설계되었다. 그렇지만 은행은 이익을 내야 하는 곳이므로, 처음에 지불금액을 줄여준 만큼 나중에 반드시 돌려받는다. 예를 들면 1~2년 동안 원금을 갚지 않아도 되는 융자금이라면 3~4년 후 상환 부담은 커진다. 애초에 변제능력이 낮은 사람에게 대출을 해주었으니 금리가 높아지면 융자금을 갚기 어려운 것이 뻔한 일이다.

하지만 주택 가격이 상승하면 부동산 담보 가격도 올라가므로 주택을 담보로 해서 3~4년 이후에 금리가 낮은 프라임 모기지로 갈아타면 대출상환 문제를 해결한다는 시나리오를 전제로 하여 은행은 돈을 빌려주었다. 당시 서브프라임 모기지의 급증으로 주택시장은 활황을 이뤘고, 미국 주택시장은 꾸준히 상승했다. 그 때문에 미국 금융기관은 서브프라임 모기지가 회수불능 불량채권이 될 염려는 없다고 대수롭지 않게 여겼던 것이다.

힘겨운 시기는 앞으로
10년, 20년 지속될 것이다.
힘든 상황에서도 풍요롭게 살기 위해서는
자신을 단련하고
경제 예측 수준을 높일 필요가 있다.

　미국의 금융버블과 주택버블의 기본 구조는 1980년대 후반에 일어난 일본의 버블경기와 동일하다. 1985년 플라자 합의 이후 급격한 엔고가 진행되어 수출산업이 타격을 입었다. 이에 일본은행은 내수시장을 일으키기 위해 큰 폭의 금융완화를 실시했다. 그러자 남아도는 자금이 부동산과 주식으로 흘러들었고 버블이 부풀었다. 당시 일본에서는 부동산 가격은 영원히 오를 것이라는 부동산 신화를 누구나 믿고 있었다.

　미국에서도 부동산과 주가는 계속 오른다는 근거 없는 자신감이 투기열을 부추겼다. 더욱 나쁜 것은 미국 금융당국과 금융기관은 고도의 금융공학을 구사하면 리스크를 완벽하게 억제할 수 있다고 과신했다는 점이다. 그 믿음이

버블 팽창을 뒷받침한 것이다.

 버블 과열을 경계한 미국연방준비제도이사회가 2004년 이후 금리정책을 인하에서 인상으로 전환했지만, 이미 시기가 너무 늦어 미국의 버블붕괴를 막을 수 없었다. 2004년 1.00%였던 미국의 정책금리는 약 2년이 지난 2006년 중반에는 5.25%까지 올랐다. 그러자 영원히 오르리라 믿었던 미국의 주택 가격이 한순간에 하락으로 돌아섰다. 그렇게 해서 서브프라임 모기지 채무불이행, 즉 디폴트가 드러나기 시작했다.

 2007년 8월 9일, 프랑스 BNP파리바 산하의 펀드 환매를 잠정 동결한다는 뉴스가 전세계에 전해졌다. 이른바 파리바쇼크이다. 펀드 환매 요청에 응하지 않겠다는 소식에 미국과 유럽의 투자자들은 동요했고, 신용불안이 고조된 결과 환율시장이 혼란에 빠져 US달러, 유로 등 주요 통화들이 일주일 사이에 큰 폭으로 하락했다.

 이 사태는 주택버블 붕괴의 위험성이 처음 드러난 사건이지만, 당시에는 그렇게 심각한 문제로 받아들이지 않았다. 사실 파리바쇼크 직전인 4월에는 미국 내 업계 2위이며 서브프라임에 주택융자금을 제공하는 회사인 뉴센추리 파이낸셜이 파산신청을 했고, 7월에도 베어스턴 산하 헤지펀드가 증권화 상품 등의 투자로 큰 손실을 입어 사실상 파산상태에 이르렀다.

미국 금융기관은 변제능력이 낮은 개인에게 대출한 서브프라임 모기지의 채권을 증권화하여 주택담보대출 유동화 증권(Residential mortgage-backed securities, 이하 RMBS)이라는 금융상품으로 만들었다. 이를 미국과 유럽을 비롯한 세계 각국의 금융기관에 판매했다. 무디스 등 유력 신용평가회사가 RMBS에 높은 등급을 부여한 것도 전세계 금융기관이 안심하고 RMBS를 대량 구입하는 흐름을 조장했다.

그렇지만 서브프라임 모기지의 디폴트 문제가 심각해지면서 신용 리스크가 높아지자 신용평가회사는 태도를 바꾸어 RMBS의 신용 등급을 대폭 낮추었다. 이것이 시장을 공황상태에 빠뜨려 신용수축의 파도가 전세계에 퍼져나갔다. 신용수축이란 알기 쉽게 설명하면 금융시장에서 자금을 빌려주는 쪽이 빌리는 쪽의 변제능력을 의심해서 대출을 옭죄어 돈의 흐름이 막히는 것이다.

RMBS는 다양한 금융상품에 섞여 들어간 형태로 전세계에 퍼져, 어느 금융기관이 얼마만큼 보유하고 있는지 파악조차 할 수 없었다. 보이지 않는 폭탄을 끌어안고 있을지도 모르는 금융기관에 자금을 빌려줄 수는 없는 일이다. 은행끼리 서로 돈을 빌려주고 빌리는 세계 인터뱅크 시장은 기능부전을 일으켰고, 기업도 은행에서 대출받기가 힘들어졌다.

서브프라임 모기지 문제의 발단이 되는 불안한 공기가 그때까지 성장을 이루던 세계경제를 조금씩 좀먹기 시작한 것이다. 이러한 변화가 훗날 심각한 사태를 불러올 것을 적어도 파리바쇼크가 일어난 2007년 여름 시점에 예측할 수 있었다면 1년 후에 덮친 리먼쇼크가 몰고 온 세계 동시불황으로 인한 큰 피해를 피할 수 있었을 것이다.

**경제 예측 뇌를 단련하면
자산운용은 물론이고
취직이나 이직, 결혼, 주택 구입 등
인생의 중대사에
적절한 판단을 내릴 수 있다.**

그러나 당시 미국 부시 정권을 비롯한 세계 여러 나라와 시장 관계자들은 서브프라임 모기지 문제를 가볍게 보았다. 미국은 사태의 본질을 파악하지 못하고 거의 효과를 기대할 수 없는 처방을 계속 내렸다. 부시 정권은 2008년 1월, 경기악화에 대한 대책으로 총 1,680억 달러의 경기부양책을 내놓았다. 개인소득세 감세, 기업 설비투자를 촉진하는 우대 세제를 주축으로 한 이 대책은 사태의 핵심인 서브프라임 모기지 문제를 해결하는 것과 거리가 멀었다.

예산 규모 면에서도 너무 적다는 평을 받은 부시 정권의 경기부양책은 별다른 효과를 내지 못했고 미국경제는 더욱 침체에 빠져들었다. 2007년 10월에 최고치인 14,000포인트 대에 오른 다우존스 지수는 1년 후인 2008년 9월에는 11,000포인트 대까지 하락했다. 그리고 미국 거대 증권회사 리먼브러더스가 경영파산한 9월 15일 리먼쇼크 탓에 주식은 폭락하여 마침내 2009년 3월에는 7,000포인트 대까지 곤두박질쳤다.

이상이 미국의 주택버블 발생에서 리먼쇼크로 인한 세계 동시 불황, 세계 동시 주가하락에 이르기까지의 과정이다. 여기에는 많은 교훈이 담겨 있다. 그 중 가장 중요한 교훈은 눈앞에서 일어나는 문제를 해결하기 위해서는 그 본질을 제대로 탐색하는 것이 중요하다는 점이다.

미국의 부시 정권은 '주택버블 붕괴를 뿌리부터 해결하지 않으면 경기악화에서 빠져나올 수 없다'는 본질을 파악하지 못하고 눈앞에 보이는 증상에만 맞추어 중심에서 벗어난 처방을 내놓음으로써 오히려 문제를 키우고 말았다.

자신의 문제를 객관적으로 보기는 힘든 법이니 미국의 경우는 제쳐두고라도 미국에서 일어난 일을 객관적으로 보아야 하는 일본 정권과 일본 산업계에서도 서브프라임 모기지 문제의 위험성이나 결말을 전혀 예상하지 못했다. 그래서 리먼쇼크로 인한 세계 동시 불황의 쓰나미를 피하지 못하고 비정규직 노동자들을 대량 실업으로 내모는 결과를 낳았다.

2005년 시점에서 '주가가 분명 오르고 있기는 하지만 몇 년 내에 경제는 대혼란을 일으킬 것'이라는 것이 나의 솔직한 생각이었다. 책이나 미디어를 통해 "세계경제는 악화되고 있다."라고 경종을 울렸지만 당시에는 거의 반응이 없었다. 오히려 세계 주식시장이 꾸준히 상승하는 것을 본 일본의 개인투자자들은 특히 기세를 떨치던 브릭스^{BRICs : 브라질, 러시아, 인도, 중국} 등 신흥국 주식을 운용하는 투자신탁을 앞다투어 사들였다.

그러나 당시 신흥국의 경제성장은 미국경제가 주택 가격 상승과 더불어 확대된 덕분이었다. 중국은 값싼 제품을 미국에 대량 수출했고, 인도는 선진국을 대상으로 한 소프트웨어 위탁생산으로 도약했으며, 자원이 풍부한 러시아와 브라질은 세계경제 호조로 늘어난 자원 소비 덕을 보는 등 모두 미국경제의 과도한 팽창에 의지해 성장했다. 그러다 리먼쇼크로 미국 주가가 폭락하자 연쇄적으로 전세계 주식시장이 대폭락한 것이다.

2008년 금융위기를 거치면서 우리의 생활과 살림, 인생설계가 글로벌 경제와 밀접하게 관련되어 있음을 알 수 있다. 바다 건너 미국경제가 기울자 국내 고용과 임금이 위협받고 자산운용에 큰 손실을 입는다. 아무리 윤택한 삶, 희망에 가득한 미래를 꿈꾸어도 시대의 본질과 변화를 꿰뚫어보지 못하고 잘못된 행동을 하면 불행한 결과를 맞을 뿐이다.

  경제 예측 뇌를 단련하고 지금의 정치와 경제를 움직이는 본질이 무엇인지, 그것이 앞으로 우리의 삶과 자산운용에 어떤 영향을 미칠지를 명확하게 파악하는 것이 중요하다. 정부나 기업에 의지하지 않고 자신의 힘으로 바른 길을 찾는 '경제 예측 뇌'를 각 개인이 단련해야 한다.

02 경제학의 한계

經濟豫測腦

 그러면 어떻게 해야 경제 예측 뇌를 단련할 수 있을까? 물론 경제에 관한 지식을 폭넓게 흡수하는 것도 중요하나 경제지식만으로는 불충분하다.

 나는 현재 이코노미스트로 활동하고 있지만 처음부터 경제 전문가가 될 생각은 아니었다. 고등학교 때까지는 교사가 꿈이었고 대학은 문리학부에 진학했다. 어린 시절부터 역사를 좋아해서 역사 교사가 되고 싶었다. 대학 재학 중에 교사의 꿈을 포기했지만 경제학에 거리를 두고 있었던 것이 결과적으로 잘 된 일이었다는 생각이 든다.

정부나 기업의 구제를 기대하지 말고
**자신의 힘으로 혼돈스러운 시대를
살아가야만 한다.**

실물경제는 경제학 교과서대로 움직이지 않는다. 불확실하고 법칙에 맞지 않는 실물경제의 움직임을 명료하게 설명하는 이론은 이 세상에 존재하지 않는다고 해도 과언이 아니다. 실물경제는 국가와 국가, 기업과 기업 그리고 개인과 개인의 의지와 욕망이 복잡하게 얽혀 움직인다. 불규칙하게 요동치는 실물경제의 원인과 미래는 경제이론만으로는 해석이 되지 않는다. 경제를 움직이는 국가와 기업의 의도, 욕망, 전술, 역학관계 같은 다양한 요인을 분석하여 종합적인 관점에서 세상의 본질과 경제의 본질을 보는 태도가 중요하다.

경제 예측 뇌를 단련하기 위해서는 경제학뿐 아니라 다양한 지식을 갖추고 사물을 전체적으로 파악하는 능력을 키워야 한다. 그중에서도 역사학, 심리학, 철학이 대단히 유익하다고 본다.

나는 대학에서 역사학을 공부하면서 경제학적 관점보다 오히려 역사학적 관점에서 세상의 움직임이 잘 보인다는 점을 깨달았다. 또 개인적 흥미에서 대학 시절 심리학을 독학으로 공부하는 과정에서 인간심리가 역사를 얼마나 크게 바꾸는지에 대해 나만의 해석을 얻을 수 있었다. 그리고 철학을 공부하면서 사물의 배경에는 그것을 움직이는 본질이 있다는 점을 알았다.

내가 2005년에 이미 미국의 버블이 얼마나 심각한지와 그 결과를 예측할 수 있었던 것도 철학적 관점에서 본질을 발견하려는 노력을 했기 때문이다. '세계경제의 성장은 빚더미에 놓인 미국의 대량소비에 의해 지탱된다.'라는 본질을 발견하지 못했다면 아마도 이런 예측은 불가능했을 것이다. 본질을 파악했기에 역사학에서 얻은 교훈으로 미국의 금융버블과 주택버블의 종언을 예측했고, 심리학을 공부하며 익힌 관점으로 리먼쇼크 이후 주가 대폭락을 예상할 수 있었던 것이다.

경제 예측 뇌는 문자 그대로 앞으로의 경제를 예측하기 위해 사고하는 뇌를 말한다. 뇌가 사고를 하지 않으면 녹

슬어 못 쓰게 된다. 반대로 사고를 하면 할수록 원활하게 작동한다. 경제 예측 뇌는 하루아침에 만들어지지 않는다. 매일매일 반복하여 단련하는 습관이 중요한데, 단련하면 할수록 경제 예측 뇌는 예민해진다.

물론 사고하는 힘의 힌트가 되는 정보를 끊임없이 습득하는 것도 중요하다. 경제학뿐 아니라 역사학이나 심리학, 철학 등 폭넓은 학문에 흥미를 갖고 다양한 지식을 익히면 경제 예측의 감도는 조금씩 높아진다. 만약 앞으로 다가올 경제를 예측하려고 경제학만 공부하고 있다면 경제학, 역사학, 심리학, 철학, 그밖의 학문을 익히는 데도 시간을 투자해야 한다. 다소 시일은 걸리겠지만 결국에는 각각의 학문에서 획득한 '사물을 보는 법'을 함께 이용하게 되고 눈앞에 있는 '세상의 본질', '경제의 본질'을 읽는 힘이 키워진다. 그때 비로소 경제학만으로는 보이지 않던 실물경제의 실상이 보일 것이다.

잘 단련된 경제 예측 뇌를 갖추고 있다면 정보의 신빙성을 정확하게 판별할 수 있다. 그러면 미래에 일어날 일을 제대로 파악하고 현명하게 인생의 중요한 선택을 하게 된

〈전문가들의 경제 예측이 어긋난 예〉

· 2006년 11월

앨런 그린스펀
전 FRB 의장

"미국 주택시장 조정 최악의 시기는 벗어났다."

결과

2007년
서브프라임 모기지 문제가 불거지다.

· 2008년 4월

벤 버냉키
FRB 의장

"베어스탠스와 같은 사태는 더 이상 일어나지 않는다."

결과

2008년 9월
리먼브러더스 파산

· 2008년 4월

리처드 풀드
리먼브러더스 CEO

"미국경제가 제자리로 돌아가려면 시간이 좀 걸리겠지만 당사의 최악의 시기는 지났다."

결과

2008년 9월
리먼브러더스 파산

다. 반대로 미래를 잘못 읽으면 인생을 망칠 수도 있다. 경제가 나빠지는데도 적극적인 주식투자를 하여 호랑이 새끼를 키우는 비극을 선택할 수도 있기 때문이다. 경제 예측 뇌를 잘 단련해 두면 결혼을 해야 할지, 집을 사야 할지, 아이를 낳아야 할지 등등 인생에서 중요한 선택을 할 때 최선의 선택은 못 하더라도 최악의 선택은 피할 수 있다.

신이 아닌 이상 미래에 일어날 일을 언제나 정확하게 맞추지는 못한다. 그러나 풍부한 자료와 객관적 시점, 논리적 사고능력이 있다면 세상과 경제가 어떻게 돌아가는지 파악하는 능력의 정확도를 높일 수 있다. 그러기 위해서는 다시 한 번 강조하지만 평소부터 정보를 습득하고 계속해서 사고를 단련하는 습관이 중요하다.

나는 이코노미스트로서 각종 매체에서 평론 활동을 하고 있다. 그런 내가 이런 얘기를 하기는 다소 어색하지만 일반적으로 세간에서 이코노미스트라고 불리는 사람들 대부분은 제대로 예측한다고 말하기 어렵다.

예컨대 미국연방준비제도이사회의 벤 버냉키 의장은 2008년 4월에 "베어스탠스는 파산에 몰렸지만 같은 사태는 더 이상 일어나지 않는다."라고 말했다. 서브프라임 문제로 파산 위기에 몰린 미국의 거대 증권사 베어스탠스가 2008년 4월 미국 정부에 의해 구제되었을 때의 발언이다. 거대 증권사의 파산을 막음으로써 금융시스템을 뒤흔드는 커다란 불안은 사라졌다고 판단한 것이다.

고작 반 년 후에 리먼쇼크가 발생한 사실을 보면 이것이 대단한 오판이었음을 반증한다. 2008년 봄에 부시 정권이 서브프라임 모기지 문제에 대해 적절한 처방전을 내놓지 못하고 금융위기를 심화시켰으니 미국 정부뿐만 아니라 금융당국도 현실을 대단히 잘못 파악하고 있었던 것이다.

미국연방준비제도이사회 의장은 미국 중앙은행의 최고 권자이다. 미국경제의 확대가 곧 세계경제의 성장을 지탱한다는 점을 생각하면 미국연방준비제도이사회 의장은 미국 중앙은행 최고권자인 동시에 세계경제의 운명을 쥔 존재라 할 수 있다. 버냉키 의장은 하버드대학교에서 경제학을 공부했으며 매사추세츠 공과대학교(MIT)에서 경제학 박사학위를 취득하고 프리스턴대학교 경제학부 학부장까지 지낸 우수한 이코노미스트다.

당시 버냉키 의장의 발언에 많은 이코노미스트들이 동조했음을 나는 뚜렷이 기억한다. 경제학의 중진들도 서브프라임 문제의 본질과 미래를 파악하지 못했던 것이다.

경제이론을 철저하게 연구하고 풍부한 식견과 깊은 통찰력을 갖추었다고 할 만한 이코노미스트조차 왜 서브프라임 모기지 문제의 본질을 파악하지 못했을까?

그 이유는 간단하다. 그들은 실물경제를 경제이론의 관점에서만 보았기 때문이다. 실물경제는 이론대로만 움직이지 않는다. 이론으로는 설명할 수 없는 불규칙한 여러 사건들이 얽히면서 현실의 경제는 변하고 있다. 이론에 맞추어 현실을 파악하려 들면 경제의 실상은 손에 잡히지 않는다. 선입견이 생기기 때문이다.

경제이론이 실물경제와 얼마나 어긋나는지 보여주는 사례를 들자면 끝이 없다. 전형적 사례가 1998년에 일어난 미국 헤지펀드 롱텀캐피털매니지먼트Long-Term Capital Management, 이하 LTCM 사건이다. LTCM은 미국의 거대 증권사 솔로몬브라더스(현재는 시티그룹의 한 부문)의 유명한 트레이더였던 존 메리웨더가 1994년에 설립했다. 현대 금융공학의 선구자로 노벨경제학상 수상자인 마이런 숄즈와 로버트 머턴, 미국연방준비제도이사회 전 부의장인 데이비드 뮬린스 등 경제학의 중진이 경영에 참여하여 운용의 드림팀이라 불렸다.

전세계의 금융기관, 기관투자자, 부유층으로부터 12억 달러가 넘는 자금을 모아 레버리지를 활용한 채권 운용으로 연평균 40% 전후의 수익을 달성했다. 설립된 지 4년이 지난 1998년에는 총자본이 40억 달러로 4배 가까이 늘었다. 그러나 이후 롱텀캐피털매니지먼트는 난항을 겪었다. 40억 달러의 총자본에 대해 운용액 1,000억 달러라는 무리한 레버리지 운용을 한 것이 실패의 원인이었다.

1998년 8월에 러시아에서 재정위기가 일어나고 개발도상국의 주식과 채권이 폭락했다. 선진국의 채권을 공매도하고 개발도상국 채권을 매수하는 재정거래를 실시하던 LTCM의 총자본은 겨우 한 달 만에 40억 달러에서 6억 달러로 급감했다. 만약 손실이 더욱 커져 레버리지 운용을 위한 증거금이 부족해지면 LTCM이 보유한 1,000억 달러에 이르는 포지션이 강제 결제되어 세계 채권시장뿐 아니라 금융시스템 자체에 타격을 입힐 위기였다.

최악의 사태를 두려워한 뉴욕연방준비은행은 다수의 유력 은행에 구제융자를 실시하도록 설득하여 LTCM를 경영 파산 위기에서 구해냈다. 파산은 간신히 면했지만 최종적으로 LTCM의 총자본은 설립 당시 자본인 12억 달러를 훨씬 밑돌아 고객에게 큰 손해를 끼치고 말았다. LTCM의 실패 뒤에는 스스로 만들어낸 경제이론을 과신한 간부들이 있다. LTCM의 간부들은 러시아의 재정위기와 더불어 개발도상국의 주식과 채권이 폭락해도 "소란은 금세 진정될 테고 다시 개발도상국에 대한 매수 모드로 돌아설 것"이라고 판단하여 매수 포지션을 취하고 있었다.

숄즈 등에게 노벨경제학상을 안겨주었던 '블랙-숄즈 방정식'이라는 경제이론에 대입해 보면, 폭락한 개발도상국의 주식과 채권 가격은 방정식으로 산출되는 '적정가격'보다 훨씬 밑돌았으므로 조만간 가격이 오르리라는 것이 그러한 판단을 이끌어냈다.

그러나 당시에는 1997년에 발생한 아시아 통화위기로 태국의 바트화를 비롯한 아시아 각국의 통화가 대폭락하고, 전세계 자금이 달러나 미국 국채 같은 안전자산으로

〈롱텀캐피털매니지먼트 중진〉

존 메리웨더	전 솔로몬브라더스 부회장
로버트 머턴	경제학자, 노벨경제학상 수상
마이런 숄즈	경제학자, 노벨경제학상 수상
에릭 로젠필드	MIT, 하버드경영대학원 조교수
데이비드 뮬린스	전 FRB 부의장
윌리엄 크래스커	하버드 비즈니스 스쿨 수료
그레이그 혼키스	트레이더
레리 힐리버드	수학자
제임스 맥켄지	트레이더
딕 레히	솔로몬브라더스 회원
빅터 히가니	수학자

경제를 움직이는 국가와 기업의
의도, 욕망, 역학관계 등
세상의 본질과 경제의 본질을
종합적인 관점에서 보는 태도가
중요하다.

이동하는 경향이 뚜렷하게 나타났다. 이른바 '안전자산 도피'이다. 여기에 엎친 데 덮친 격으로 러시아 재정위기까지 발생했으니 투자자의 불안심리는 더욱 고조되어 롱텀캐피털매니지먼트의 예상과는 반대로 개발도상국의 주식과 채권 가격은 계속해서 폭락했다. 그래서 롱텀캐피털매니지먼트는 파산 직전까지 몰렸던 것이다.

아무리 뛰어난 경제이론으로 무장해도 현실은 때로 경제이론의 예상을 뛰어넘는다. 롱텀캐피털매니지먼트 사건은 예상을 초월한 공황상태에 빠지면 경제이론이 무력하다는 사실을 보여주는 전형적인 사례이다.

롱텀캐피털매니지먼트 간부들은 욕망이나 불안은 방정식으로 계산하거나 생각대로 제어할 수 없다는 사실을 간

과했다. 그들은 아시아 통화위기와 러시아 재정위기 등 자금운용을 위협하는 대규모 위험이 끊임없이 발생함에 따라 전세계의 투자자들이 공황상태에 빠진 심리적 요인을 고려하지 못했다.

만약 롱텀캐피털매니지먼트에 노벨경제학상 수상자뿐만 아니라 심리학이나 역사학 전문가가 포함되어 있었더라면 파산 직전까지 몰리는 일은 없었을지도 모른다. 러시아 재정위기 이후 시장의 움직임을 예측할 수 있었을 테니 말이다. 극단적 공황상태에 빠지면 연쇄적으로 반응이 퍼져 주가 대폭락 등으로 이어진다는 것은 심리학, 특히 인지심리학이나 뇌과학 분야의 사고방식을 도입하면 쉽게 예측할 수 있다. 또 그런 사태가 과거에 몇 차례나 반복되었음은 역사적으로도 충분히 검증되었다.

물론 경제이론을 전면적으로 부정하려는 것은 아니다. 블랙-숄즈 방정식은 현대 금융공학의 선구로 일컬어지는 획기적인 업적이었다. 이 위업을 계기로 현대 금융공학은 급속한 발전을 이루었다. 반면에 2000년대 이후 미국의 금융버블과 주택버블을 낳았다. 뛰어난 금융공학이 원인이 되어 금융위기를 맞았으니 아이러니컬하다. 나는 2005년 당시부터 금융공학의 문제점을 지적했지만, 학문의 권위를 맹신하는 사람들은 "금융공학에 흠이 있을 리 없다."라며 비웃기 일쑤였다.

변제능력이 없는 개인에게 주택융자를 해주고 그 채권을 증권화하여 고수익 상품으로 전세계에 퍼뜨린 것은 '금융공학을 구사하면 가격 변동 리스크는 최소한으로 억제된다'는 극단적 생각이 뒷받침된 행동이었다. 금융공학을 잘 활용한다고 해서 변제능력이 없는 사람에게 갚을 능력이 생길 리가 없다. 그런데 금융공학이라는 마법의 지팡이를 휘두르자 위험천만한 증권화 상품이 리스크가 적은 고수익 상품으로 바뀌었다. 그 마술이 인기몰이를 한 것이다. 냉정하게 생각하면 어린아이라도 알 만한 허황된 맹신의 결과였다.

미국에서 금융공학이 급속하게 발전한 이유 중 하나가 1980년대 말의 냉전 종결이다. 1989년 베를린 장벽이 무너지고 구소련의 고르바초프 서기장과 미국의 레이건 대통령이 냉전 종결을 선언하자 미국 국방부에 소속되었던 우수한 인재들이 점차 민간으로 빠져나갔다. 그 중 일부가 금융당국이나 금융기관으로 흘러들어가 금융공학 발전에 공헌한 것이다.

IT버블이 붕괴한 2001년 이후, 미국은 차기 성장전략으로 금융비즈니스를 선택했다. 금융공학을 발전시켜 기업이나 개인의 자산운용을 활발하게 하는 것이 사실상 미국의 국책이 되었고, 결과적으로 금융버블과 주택버블을 크게 팽창시켰다.

금융버블은 세계적 흐름이 되어 세계 금융자산 규모가 2006년에는 167조 달러로 늘어났다. 이 액수는 당시 세계 GDP의 3.5배나 되는 규모이다. 1980년의 세계 금융자산이 12조 달러였으니 16년 만에 14배나 늘어난 것이다. 금융자산 증가는 대미 수출과 함께 2007년 가을까지 세계경제 성장을 지탱하는 원동력 중 하나였으나, 리먼쇼크와 더불어 전세계 주식과 채권 가격이 폭락하자 상황이 반전되어 전세계 기업과 개인은 거액의 감액손실을 끌어안아야만 했다. 세계 동시 불황은 금융공학의 발전과 금융공학의 유효성에 대한 과신이 불씨가 된 사건으로, 결국 일어날 것이 일어난 참사이다.

03 거시경제학은 유효한가

經濟豫測腦

현대에는 국가가 경제정책을 입안하고 수행할 때 거시경제학이 중요한 역할을 담당한다. 거시경제학이란 GDP나 광공업생산, 무역, 투자, 실업률, 인플레이션율 등 각종 경제지표 동향을 살펴 적절한 경제정책을 찾기 위한 학문이다. 실업률이 높아지고 있다면 단기적으로는 고용대책을 세우고 장기적으로는 산업육성을 도모한다. 무역흑자가 줄어든다면 단기적으로는 수출산업을 지원하고 장기적으로는 내수확대 등 산업구조 전환을 검토하는 것이다.

통화 공급량 조정에도 거시경제학의 이론이 전제된다.

극단적 인플레이션이 진행되면 통화 공급량 축소 및 정책 금리 인하를 실시하여 시장에 자금 공급을 줄인다. 디플레이션이 진행되면 통화 공급량을 늘리고 금리를 인하하여 자금을 대량 공급함으로써 인플레이션을 유도한다. 이 정도는 비즈니스맨이라면 반드시 알아야 할 경제지식의 기초이다.

그런데 거시경제학은 현대에도 유효할까? 나는 현대의 많은 변화로 인해 거시경제학이 유효성을 잃어가고 있다고 느낀다. 거시경제학의 유효성에 대해 의문을 제기할 시기가 왔다고 본다. 1990년대 초에 일본에서 일어난 버블경기 붕괴와 그후 잃어버린 10년을 돌아보자. 버블의 최전성기였던 1989년 12월 사상 최고치인 38,915포인트에 달했던 니케이 지수는, 당시 취임한 일본은행의 미에노 야스시 총재가 금융정책을 완화에서 긴축으로 전환하면서 급락했다. 1990년 10월에는 일시적으로 20,000포인트를 밑도는 등 9개월여 동안 절반 가까이 하락했다. 땅값과 주택 가격도 폭락했고, 감액손실을 끌어안은 개인소비는 침체상태가 되었다.

그러자 기업실적이 악화되고 회수불능이 된 주택융자금과 법인융자금이 거액의 불량채권이 되어 금융기관을 압박했다. 결국 불량채권의 부담을 이기지 못하고 1998년 홋카이도다쿠쇼쿠은행과 일본장기신용은행, 일본채권신용은행, 야마이치증권 등 거대 금융기관이 차례로 파산했다.

제1차 오일쇼크 직후부터 버블경기까지 일본의 경제성장률은 평균 3.8%였으나 버블붕괴 후인 1991년부터 2008년까지는 평균 1.1%로 떨어져 공전의 저성장시대에 돌입했다. 물론 일본 정부와 일본은행은 결코 수수방관만 하지는 않았다. 일본은행은 적극적인 금융완화를 추진하여 정책금리인 '무담보 익일물 콜금리'를 1990년의 8%대에서 1995년에는 1%대까지 큰 폭으로 인하했다. 그러나 경기악

> 내가 한발 앞서 미국의
> 금융버블과 주택버블의 위험성을
> 예측할 수 있었던 것은
> '세계경제의 성장은 빚더미에 놓인
> 미국의 대량소비에 의해 지탱된다.'는
> 본질을 파악하고 있었기 때문이다.

화에는 제동이 걸리지 않았고 1998년에는 홋카이도다쿠쇼쿠은행 등이 파산하여 최악의 시기를 맞았다. 이에 당시 하야미 마사루 일본은행 총재는 1999년 2월 무담보 익일물 콜금리 유도 목표를 사상 최저인 0.15%로 정했다. 그럼에도 경기가 회복되지 않자 일본은행은 2001년 마침내 금리조절 이외에 '양적 금융완화책(당좌예금 잔액 조정에 의한 금융완화책)'까지 시도했다.

거시경제학 교과서대로 금융정책을 실시한 일본은 경기가 회복되지 않는 상황이 10년 이상이나 지속되었다. 2002년에서 2007년에 걸친 경기호황에도 일본 국민은 경기회복을 실감하지 못했다. 그렇게 보면 버블붕괴 이후부터 지금까지 일본경제는 20년 가까이 '잃어버린' 상태인지 모른다. 일본의 제로금리 정책과 양적 금융완화책은 2006년에 마감되었지만, 그후 0.5%까지 상승했던 정책금리는 리먼쇼크 이후 0.1%로 떨어져 현재도 제로금리에 가까운 상태가 지속되고 있다.

버블붕괴 후 일본경제는 거시경제학의 처방전이 전혀 통용되지 않았다. 상식이 상식으로 통하지 않게 된 것이다. 미국은 리먼쇼크 이후 경기부양책으로 정책금리를 0~0.25%까지 유도하는 사실상의 제로금리 정책을 실시하고 있지만 일본의 선례를 생각하면 효과는 회의적이다.

경제학을 전공하지 않은 사람이라도 경쟁시장에서 수요와 공급이 일치할 때 가격과 거래량이 결정된다는 '수요와 공급' 이론을 알 것이다. 수요와 공급 이론에서는 가격을 세로축, 수량을 가로축으로 하는 그래프의 수요곡선과 공급곡선이 교차하는 위치가 수급 균형점이 된다. 공급되는 상품이나 서비스 가격이 비쌀수록 수요는 줄고, 가격이 쌀수록 수요가 는다는 것이 이 이론의 핵심이다. 다시 말해 상품이나 서비스 수요는 가격이 쌀수록 확대되고 가격이 비쌀수록 축소된다는 것이다.

거시경제학 이론이 실물경제에 적합하지 않다고 생각하는 이유는 수요와 공급 이론이 현대에는 더 이상 통용될 수 없기 때문이다. 실례로 소비자들은 아무리 비싸도 품질이나 부가가치, 브랜드 가치가 높은 상품이라면 구입하는 경향이 있다. 가격이 비싼데도 날개 돋친 듯 팔리는 상품도 있는 것이다. 반대로 아무리 싸더라도 상품 질이 만족스럽지 않으면 쳐다보지도 않는다. 현실에서는 팔리지 않는 상품의 가격을 낮춘다고 이론대로 판매량이 늘지 않는다.

소비자의 욕망은 브랜드 숭배와 고급지향, 건강지향, 안전지향 등 개인차가 있으며 시시각각 변하면서 다양해지고 있다. 실제 수요는 변화무쌍한 것이다. 이러한 현대 소비자의 욕망이나 감정을 고려하지 않은 '수요와 공급 이론'에 얽매여 있다면 변화에 대응할 수 있을까? 거시경제학의 다양한 이론이 바로 '수요와 공급 이론'을 기초로 구축되었다는 사실을 어떻게 받아들여야 할지 생각해 볼 일이다.

이제 거시경제학 이론만으로는 현실을 설명할 수 없다는 점을 이해했을 것이다. 경제학자는 경제이론만으로 사물을 파악하는 경향이 있다. 게다가 경제학자들의 연구영역은 각기 세분화되어 있기 때문에 자신의 전문 분야에서 보는 좁은 시야로 사물을 판단하려는 사람이 적지 않다.

경제학은 무용지물이라고 말하는 경제학자도 있다. 도쿄대학교의 어느 교수에 따르면, 일본의 경제학자나 경제정책 입안자들은 원하는 정책을 정당화하기 위해 경제학을 이용한다고 한다. 그럴 수 있는 이유는 경제학이란 어떤 답이든 정당화하는 모순투성이 학문이기 때문이라는 것이다.

알기 쉬운 예로 그 교수는 '경제성장'을 들어 설명했다. 경제성장은 국내총생산(GDP)으로 나타낸다. GDP란 일정 기간 내에 국내에서 생산된 부가가치의 총액이다. 그렇지만 무엇에 의한 부가가치의 총액인가, 그 개념은 시대에 따라 변한다. 컴퓨터게임을 비롯한 소프트웨어산업이 존재하지 않던 1960~1970년대와 현재의 산업구조는 크게 다르다. 그럼에도 당시와 현재의 GDP를 똑같이 놓고 비교한다는 것 자체가 난센스다. 상업이 발달하기 전, 농업이 경제의 중심이던 시절과 비교하는 일은 더욱 무의미하다. 비교한다는 것 자체가 난센스인데, GDP라는 숫자만 놓고 옛날과 다른 경제 규모 차이를 비교하며 성장을 논한다는 것은 어불성설이다.

그 교수는 "경제성장이라는 개념 자체가 모순을 안고 있다."고 설명한다. 인간은 성장이 멈추는 데에 불안을 느낀다. 또 어떤 국가는 경제정책이 실패했다는 지적을 피하기 위해 구체적인 수치를 제시하며 '경제는 계속 성장하고 있다'고 발표하고 있다. 정부가 발표하는 경제성장률은 홍보를 위한 도구에 지나지 않는다는 것이 그 교수의 견해였고 나도 그 견해에 크게 공감한다.

모순투성이 학문인 경제학으로 무장한 사람들이 미국을 비롯한 세계의 경제행정과 금융행정을 맡고 있다. 따라서 시대 변화에 적절하게 대응하는 금융정책을 기대하기는 힘들다. 안타깝지만 이후로도 세계의 행정을 담당하는 사람들은 변하지 않을 것이다. 부적절한 경제정책이나 금융정책 탓에 우리의 생활과 미래는 점점 고통스러워질 수도 있다.

시대가 변하면 통용되는 상식도 변한다. 경제학에만 얽매여서는 미래의 경제 동향을 오판하기 십상이다. 현대는 이미 중대 전환점을 지났다고 생각한다.

거시경제학 교과서대로
양적 금융완화책을 실시했지만,
일본경제는 회복되지 않았다.
미국 역시 리먼쇼크 이후 경기부양책으로
거의 제로금리 정책을 실시하고 있지만,
그 효과에 대해서는 회의적이다.

제안할 때는 마치 그 사람이
잊고 있었던 것이 생각난 듯이 말하라.

알렉산더 포프

②

내가
경제 예측 뇌를
갖추기까지

경제 예측에 다른 학문이 필요한 이유

經濟豫測腦

　나는 대학이나 대학원에서 경제학을 전문적으로 공부한 적은 없다. 경제학, 국제금융론, 자산운용 등에 관한 지식은 모두 독학으로 습득했다. 대학 시절에는 역사학, 심리학, 철학 같은 인문과학에 몰두했다. 그래도 경제 예측을 할 수 있게 되었다.

　2장에서는 내가 경제 예측 뇌를 어떻게 갖추게 되었는지 간단하게 설명하겠다. 나는 어릴 때부터 역사를 좋아해서 대학은 문리학부 사학과에 진학했다.

　"역사를 공부해 봐야 취직에 도움이 안 돼. 왜 경제학부

실물경제는 경제학 이론대로
움직이지 않기 때문에 경제학만으로는
경제 예측 뇌를 키울 수 없다.

나 무역학부에 가지 않고?"

친구는 이해할 수 없다는 듯 물었다. 그의 말대로 경제학이나 무역학 지식은 사회에서 쓸모가 있겠지만, 나는 좀 더 폭넓은 지식과 식견을 익히고 싶었다. 경제와 무역밖에 모르는 똑똑한 바보는 되고 싶지 않았다. 당시의 그 생각은 틀리지 않았다고 본다. 앞에서 설명한 것처럼 실물경제의 움직임은 경제이론만으로는 설명할 수 없기 때문이다. 역사학, 심리학, 철학을 비롯한 다양한 관점에서 실물경제를 바라볼 때 본질과 미래가 잘 파악된다.

역사를 배워서 얻은 가장 큰 수확은 '인간은 같은 잘못을 몇 번이고 반복하는 생물'이라는 진실에 도달한 것이다. 인간의 역사는 번영과 쇠퇴, 확대와 축소, 팽창과 수축을 반복한다. 기원전 27년에 성립된 고대 로마 제국을 비롯해 13세기 몽골 제국, 대항해시대의 포르투갈과 스페인,

산업혁명 이후의 대영 제국, 그밖의 수많은 왕조와 제국이 번영을 누리다가 결국에는 쇠퇴하는 역사를 지금껏 반복해 왔다.

이들 왕조나 제국이 많은 나라를 침략하고 판도를 넓힐 수 있었던 원동력은 '인간의 욕망'이다. 침략한 나라를 착취하고 그 나라 백성들을 노예로 부리면서 번영을 누리고 싶다는 욕망이 더욱 커져서 국력을 팽창시키는 야심으로 이어졌다. 그렇지만 세계를 석권한 왕조나 제국도 결국에는 쇠퇴한다. 실정이나 모반, 더 강력한 제국의 출현 등 쇠퇴하는 원인에는 여러 가지가 있지만 어쨌든 번영은 영원히 계속되지 않는다.

그러한 번영과 쇠퇴의 반복을 알게 되면서, 역사뿐만 아니라 인간심리를 탐구하는 것도 중요하겠다는 생각이 들었다. 왕조와 제국의 번영 뒤에는 인간의 욕망이 도사리고 있었으며, 제국이 쇠퇴한 원인은 대개 욕망에 속수무책으로 빠져들었기 때문이다. 나는 그러한 번영과 쇠퇴의 본질이 현대사회에도 들어맞는다고 생각했다.

역사가 인간의 욕망에 의해 움직인다는 것을 알게 되자

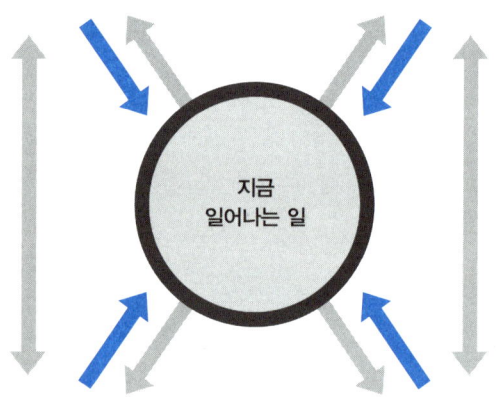

〈경제 예측 공부법〉

심리학에 대한 관심이 커졌다. 심리학 관련 책을 읽으면서 인간이 얼마나 비합리적인 행동을 하는 생물인가를 느꼈다. 합리적 판단을 할 수 있다면 왕조나 제국이 쇠퇴할 리 없다. 욕심에 눈이 멀고, 거만하게 거들먹거리느라 눈앞의 현실을 냉정하게 판단하지 못해 자멸의 길을 걷는 경우가 많은 것이다. 역사를 살펴보면 수천 년 동안 그런 잘못이 끊임없이 반복되어 왔다.

또한 대학에 다니면서 철학에 관한 책도 다양하게 섭렵했다. 내가 철학 공부를 하도록 이끌어준 책은 당시 이미 사어가 되어 있던 '뉴아카데미즘'의 기수로 불린 아사다 아키라의 《구조주의와 포스트구조주의》였다. 이 책은 그때까지의 나의 인생관과 가치관을 단번에 바꿀 만큼 충격적인 책이었다. 이에 대한 구체적인 내용은 4장에서 다룬다. 이 책에서 나는 세상의 본질을 알기 위해서는 사건을 하나하나 검증하는 것만이 아니라 총체적 '구조'를 파악하는 일이 중요하다는 점을 알게 되었다.

"나무를 보고 숲을 보지 못한다."라는 말처럼, 지엽적 문제에 사로잡히면 사건의 본질이 보이지 않는다. 다양한 사건을 늘어놓고 넓은 시각에서 그 원인이 무엇인지를 보아야 한다. 그렇게 전체를 보는 훈련을 반복함으로써 나의 통찰력은 단련되었다.

지금 눈앞에서 일어나는 일에 대해 역사학적 관점에서 과거의 사례에 비추어보고, 심리학적 관점에서 어떤 인간 심리를 바탕으로 일어난 일인지를 검증한 후 철학적 관점에서 그 본질을 탐구한다. 이렇게 종합적으로 접근할 때 세상이 무엇에 의해 움직이고 앞으로 어디를 향할는지가 보인다. 정치나 사회의 움직임뿐 아니라 경제도 같은 방법을 적용하여 읽어낼 수 있다. 그것을 실감한 것은 대학을 졸업하고 나서였다.

대학 시절 나는 선배의 영향으로 경제학에 흥미를 갖게 되어 주식투자를 시작했다. 이미 버블경기가 붕괴하고 주가가 크게 떨어진 시기였다. 당시 읽은 주식투자 책에는 주가수익비율PER이나 주가순자산비율PBR에 기초하여 저평가된 주식을 찾아서 사는 것이 주식투자의 기본 이론이라고 쓰여 있었지만, 교과서대로 시도해 본 결과는 만족스럽지 못했다.

지금 생각해 보면 당연한 일이다. 경제성장이나 주가상승이 큰 시기에는 주가수익비율이나 주가순자산비율을 보았을 때 고평가된 주식의 주가도 상승하기 쉽지만, 경제나 시장상황이 침체된 시기에는 아무리 저평가된 주식이라도 주가는 떨어질 뿐이다.

주식투자를 시작하고 얼마 지나지 않아 '이 이론은 지금의 일본 주식시장에는 안 맞는 게 아닐까?' 하는 의문이 들었다. 오히려 당시 버블경기 붕괴로 인해 '일본의 주식시장은 장기침체가 되지 않을까?' 생각하게 되었다. 경제학적 관점에서만 보았다면 그런 생각은 못 했을 것이다. 과거의 역사에 비추어보면 한번 쇠퇴한 제국이 다시 번영을 이룬 경우는 거의 없다. 로마 제국은 말할 것도 없고 대영 제국도 그렇다. 버블붕괴 이후 일본경제가 두 번 다시 못 일어나지는 않겠지만, 경기가 회복되려면 상당히 긴 시간이 걸리리라는 예측은 할 수 있다. 버블붕괴 후유증은 20년 이상 지난 지금도 여전히 계속되고 있다.

버블경기를 낳은 것은 인간의 욕망이다. 욕망이 지나치게 커진 탓에 버블붕괴 이후의 타격은 엄청났다. 그렇기 때문에 일본경제가 회복되기까지는 상당한 시간이 걸리겠다고 생각했던 것이다. 일단 경제가 위축되면 소비자는 아무래도 돈주머니를 틀어쥐게 된다. 그 결과 소비는 점점 얼어붙고 경제는 정체되는 악순환에 빠지기 쉽다. 버블을 일으킨 요인이 인간심리라면 그후 일본경제의 침체를 부르는 요인 역시 인간심리라고 할 수 있다. 경제학만으로는 소비자 심리와 그에 기초한 대중의 행동까지 읽어낼 수 없다. 따라서 실물경제를 예측하기 위해서는 폭넓은 식견이 필요한 것이다.

학문의 연결고리를 파악한다

經濟豫測腦

투자의 세계 역시 역사학이나 심리학, 철학을 공부하면 깊게 통찰할 수 있다. '인간은 비합리적 행동을 하는 생물'이라는 전제를 알면 시장이 급등락하는 움직임도 어느 정도 예측할 수 있다.

주가수익비율이나 주가순자산비율 같은 투자지표의 한계를 느낀 나는 자산운용 입문서에서 얻은 지식은 참고하는 정도로만 이용하고 역사학, 경제학, 철학에서 배운 지식을 활용하여 경제 예측과 시장 예측을 하고 있다. 내가 2002년 이후 세계경제 성장은 미국경제의 확대에 지탱해 왔다고 일찌감치 깨달은 것도 철학적 관점의 도움이 컸다. 중국이나 인도 등 신흥국의 성장과 자원시장의 등귀는 미국인들이 대량소비를 한 덕이며 미국의 대량소비는 과도한 주택버블, 금융버블에 의해 유지된 것이라는 본질을 철학적 관점에서 넓은 시각으로 파악할 수 있었다. 그 결과 주택버블 붕괴와 그에 따른 세계 동시 불황을 예측할 수 있었던 것이다.

역사에서 배운 바에 따르면 미국의 주택버블과 금융버블도 오래 가지 않을 것이며 틀림없이 조만간 붕괴하리라고 확신했다. 2005년 당시 나와 같이 그 점을 예측한 이코노미스트는 유감스럽게도 거의 없었던 것 같다.

경제 예측 뇌는 경제학만 아니라 역사학, 심리학, 철학 등 폭넓은 학문을 흡수함으로써 길러진다. '오직 경제학, 오직 역사학'과 같은 편향된 관점이 아니라 다각도에서 사물을 파악하는 능력이 중요하다. 다양한 정보를 수집하고 복잡하게 얽힌 인과관계를 정리함으로써 본질을 찾아내는 힘을 키울 수 있다. 세상의 모든 학문이 경제 예측 뇌를 단련하는 데 도움이 된다. 자연과학도 예외는 아니다.

⟨경제 예측 뇌를 사용해서 본질 파악하기⟩

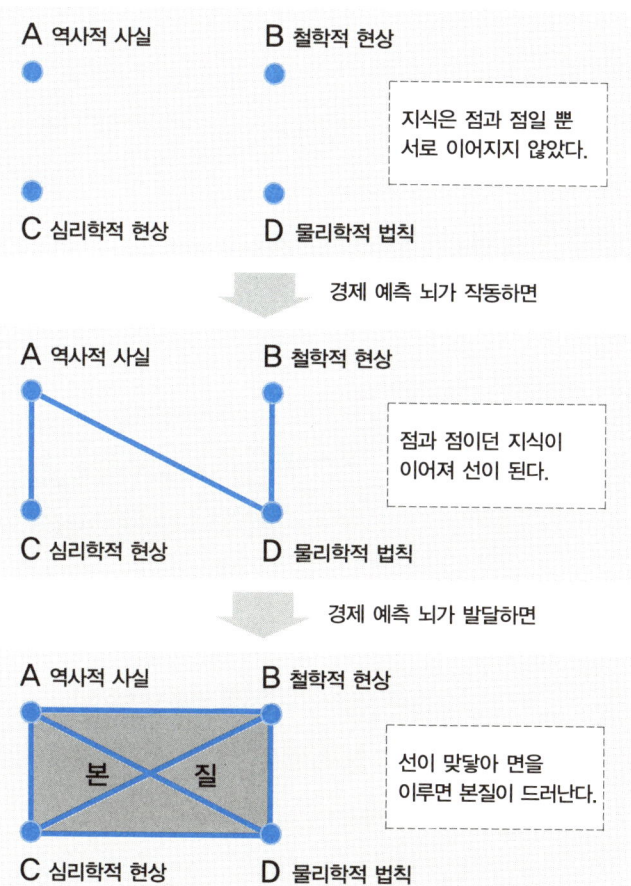

나는 물리학이나 기상학 같은 자연과학 지식도 경제 예측에 활용해 왔다. 예를 들면 기상학에는 '나비효과 이론'이 있다. 한 마리의 나비가 날갯짓을 하면 그 힘으로 지구 반대편에서 회오리바람이 인다는 이론이다. 언뜻 황당해 보이지만, 나비효과 이론은 아주 사소한 변화도 연쇄반응을 하여 큰 변화를 일으킬 수 있다는 카오스 이론을 우화적으로 설명한 것이며 이론적 근거가 전혀 없는 얘기가 아니다.

미국의 금융버블과 주택버블 붕괴는 1조 달러의 서브프라임 모기지 증권화 상품의 문제가 180조 달러에 달하는 세계 금융자산을 폭락시킨 대참사의 도화선이 되었다. 작은 날갯짓이 거대한 회오리바람을 일으켜 전세계를 덮친 것이다. 나비효과 이론은 기상학뿐 아니라 세계경제를 예측하는 데에도 유효한 이론이라는 사실을 알 수 있다.

경제 예측 뇌를 기르기 위해서는 다양한 학문을 습득해야 한다. 경제이론만 배우면 의미가 없다. 편향된 지식으로는 전체 모습을 파악하기가 어렵기 때문이다. 호기심의 창을 열고 여러 가지 지식을 폭넓게 흡수하려고 노력해야 한다. 그저 흡수만 해서는 안 되고 받아들인 지식의 인과관계를 연결하는 훈련도 중요하다.

A라는 역사적 사실과 B라는 철학적 사상이 어떻게 연결되어 있는가. C라는 심리학적 현상과 D라는 물리학적 법칙은 어떤 관계인가. 그런 지식의 퍼즐을 즐겨보기 바란다. 연습을 거듭하는 동안 점과 점이었던 정보가 선으로 연결되고 마침내 면이 되어, 널찍한 면 위에 '무엇인가' 떠오른다. 그것이 바로 세상을 움직이는 사물의 본질이다. 어렴풋하게나마 본질이 보인다면 당신의 경제 예측 뇌는 매우 감도가 높아진 것이다.

여기까지 읽었으면 거시경제학이나 현대 금융공학의 한계점, 문제점에 대해 이해가 되었을 것이다. 위정자에게 문제가 있어도 그 결함을 이해할 수 있다면 험한 세상을

과거 역사를 참고할 수 있는 **역사학**,
인간의 행동 패턴을 읽는 **심리학**,
사물의 본질을 파악하는
**철학 등 경제학 이외의 지식을
총동원하여 사실을 판단해야 한다.**

헤쳐 나갈 기술을 분명히 발견할 수 있다. 유명무실해진 거시경제학이 아니라, 인간의 욕망이나 인간심리가 세상을 어떻게 움직이는지를 탐구하면서 미래를 예측하는 것이다. 상상력을 펼쳐 미래를 그려보고 미래에 대한 포석을 깔면 어려운 시대를 자신 있게 살아갈 수 있다.

나비효과 이론은 기상학뿐 아니라 세계경제를 예측하는 데에도 유효한 이론이다. 미국의 금융버블과 주택버블 붕괴는 1조 달러의 서브프라임 모기지 증권화 상품의 문제가 180조 달러에 달하는 세계 금융자산을 폭락시킨 대참사의 도화선이 되었다. 작은 날갯짓이 거대한 회오리바람을 일으켜 전세계를 덮친 것이다.

역사가 강력한 힘을 갖는 까닭은
우리가 깨닫지 못하는 다양한 방식으로
우리를 지배하기 때문이다.

제임스 볼드윈

3

역사에서 배우는
미래 예측의 지혜

01 리먼쇼크는 필연

經濟豫測腦

역사학은 경제학이나 사회학과 달리 실제 사회에 도움이 되지 않는 학문이라고 생각하는 사람들이 많다. 그렇지만 유럽이나 미국에서는 역사학을 경제학이나 사회학에 비견하는 중요한 '실학'으로 인식하고 있다. 역사는 되풀이된다는 말처럼 유사 이래 인간은 비슷한 잘못을 몇 번이고 반복해 왔다. 과거에 선조가 저지른 잘못을 돌아보고 지금 이 시대의 상황에 비추어보면 어떻게 일을 진행해야 할지 생각하는 데 도움이 된다. 정치, 경제, 군사 등 모든 면에서 역사를 돌아보는 일은 미래를 향한 길을 알려주는

시대나 장소가 달라져도 같은 상황과
조건이 갖추어지면 역사는 되풀이된다.
농산물 생산이 원활하지 못해
붕괴에 이른 로마 제국과 마찬가지로
앞으로 10년이나 20년 후면
세계 거대자본의 '국제 분업 체제'라는
비즈니스 모델은 한계에
맞닥뜨릴 것이다.

이정표 역할을 한다. 그러기에 서구에서는 역사 공부를 중요하게 인식하고 있는 것이다.

본래 역사학은 과거에 일어난 일을 고찰하고 거기에서 이끌어낸 교훈으로 후대를 이롭게 하려는 학문이다. 교훈을 이끌어내기 위해서 한정된 사료를 바탕으로 각 시대의 정치와 경제, 사회, 문화를 탐구하고 국가의 흥망성쇠, 정변과 내란, 국가와 국가 사이에 일어난 전쟁 등 여러 역사적 사실의 참된 모습을 연구한다. 그 참된 모습을 깊이 이해하려면 다양한 힘을 갖추어야 한다. 역사에 관한 폭넓은 지식은 물론이고 정치학, 경제학 등의 사회과학에서부터 물리학이나 화학 등 자연과학까지, 다양하고 풍부한 지식이 있으면 참된 모습에 더 가까이 다가갈 수 있다. 경제 예측 뇌를 단련하려면 경제학 이외의 다양한 지식이 필요한 것과 마찬가지다.

과거 일본에서도 우수한 정치가나 군인들은 역사에 조예가 깊었다. 전국시대 무장들이 2,000여 년 전에 중국에서 저술된 《손자병법》을 전술의 교본으로 삼았던 사실은 잘 알려져 있다. 또한 제2차 세계대전 당시 영국 수상이던 윈스턴 처칠은 소년 시절부터 한니발이며 카이사르, 나폴레옹 등 영웅을 동경했고, 직접 많은 전기와 회고록을 썼다고 알려졌다. 역사적 소양이 있었기에 정치가 처칠은 격동의 20세기 전반에 세계와 맞붙을 수 있었던 것이다.

서브프라임 모기지 문제는 미국의 정치가와 금융당국자가 20년 전 일본에서 일어난 버블붕괴를 교훈으로 삼지 못하고 같은 전철을 밟은 사례라고 할 수 있다. 유사 이래 시간의 축으로 보면 방금 일어난 일이랄 수 있는 20년 전의 역사적 사실조차 사람들은 잊은 것이다.

서브프라임 모기지 문제가 심각해지면서 발생한 리먼쇼

크, 이것이 초래한 세계적 불황이라는 참극은 역사학적 관점에서 보면 당연한 귀결이었다. 이를 미리 파악하지 못한 이유는 역사학을 실학으로 중시하던 서구의 정치가나 금융당국자조차 역사학적 관점에서 사물을 보는 힘이 결여되었기 때문이다.

인간은 잘못을 반복하기 쉬운 생물이다. 역사는 되풀이된다는 말에는 그러한 특징이 잘 드러난다. 나는 역사를 배우면서 시대나 장소가 달라져도 같은 상황과 조건이 주어지면 역사는 되풀이된다는 점을 실감했다. 유사 이래 세계 곳곳에서 탄생했다가 사라져간 제국과 왕조의 역사가 그 사실을 말해준다.

전형적 예가 중국 왕조의 역사다. 중국의 역사는 《삼국지》를 주제로 한 영화 '적벽대전'의 무대인 삼국시대로 상징되는 군소국이 난립하는 시대와 통일왕조시대가 반복되었다. 기원전 춘추전국시대는 군소국 난립의 시대이며, 그 후 시황제가 세운 진나라는 다음에 등장하는 통일왕조의 모형이다. 통일은 한나라까지 이어졌다가 삼국시대부터 다시 분열의 시대에 돌입한다. 그후 서진이 삼국을 통일했

〈중국 왕조의 성립과 멸망의 주요 원인〉

왕조명	연도	성립과 멸망의 주요 원인	
춘추전국시대	BC 770년 ~BC 221년	주(周)왕조가 이민족의 침공을 받아 몰락하고 제후가 분립하여 패권을 다툼. 초기에는 200여 제후국이 힘을 겨루다 전국시대를 거치며 칠웅으로 좁혀지고 BC 221년 진나라(秦)가 통일함.	분열
진나라(秦)	BC 221년 ~BC 206년	시황제가 중국을 처음으로 통일함. 시황제가 죽은 후 환관의 폭정으로 인해 전국적으로 난이 일어나 멸망함.	통일
한나라(漢)	BC 202년 ~AD 220년	유방이 항우를 꺾고 전한(前漢)을 건국함. 전한은 서기 8년에 신(新)왕조에 의해 쓰러지고, 신 왕조는 적미의 난으로 자멸. 그후 한 왕조의 일족인 유수가 한을 다시 세움(후한(後漢)). 환관과 외척이 세도를 부리고 정치가 혼란해져 민중 봉기가 일어남. 통치 기능을 잃어버린 후한은 위(魏)에 멸망당함.	교대
삼국시대	220년~280년	229년까지 위(魏), 촉(蜀), 오(吳) 삼국이 성립. 3인의 황제, 3국이 정립하다가 263년에 촉이, 280년에는 오가 멸망하고 위(魏)를 계승한 서진(西晉)이 통일함.	분열
서진(西晉)	265년~304년	서진(西晉)의 초대 황제 무제는 통일 후에는 정치를 돌보지 않아 국정이 혼란해짐. 무능한 혜제가 뒤를 잇자 권력 다툼이 일어 멸망. 중국은 다시 분열 상태가 됨.	통일
5호16국	304년~439년	다양한 민족에 의한 군소국이 난립하던 중 439년에 북위(北魏)가 북량(北涼)을 멸망시키고 화북(중국 북부)을 통일. 남북조시대에 돌입함.	분열
남북조시대	439년~589년	화북에는 북위(北魏)가, 화남에는 송(宋), 제(齊), 양(梁), 진(陳) 네 왕조가 흥망을 거듭함. 두 왕조가 남북에 병립.	분열
수나라(隋)	589년~618년	수나라(隋)가 남조의 진을 멸망시키고 중국을 통일하지만 제2대 양제의 실정으로 전국에서 반란이 일어남. 양제 사후 이연이 선양받아 당나라(唐) 건국.	통일
당나라(唐)	618년~907년	동아시아의 중심으로 번영했으나 8세기 말 이후 쇠퇴, 875년 황소의 난이 일어나 사실상 지배 종언. 907년 주전충이 애제를 폐위하고 당을 무너뜨리나, 그후 각지에서 생겨난 나라들이 난립하여 5대10국의 분열시대를 맞음.	교대
5대10국	907년~960년	다섯 왕조와 지방의 10국이 난립함.	분열
송나라 (북송(北宋))	960년~1127년	송(宋)이 조광윤을 중심으로 통일을 진행하여 978년에 오월(吳越)을 병합. 979년에 북한(北漢)을 멸망시키고 통일을 이룸.	통일

지만 다시 멸망하고, 5호16국시대, 남북조시대로 분열기가 이어졌다. 마침내 수나라가 중국을 통일하고 이어서 당나라에 의해 통일왕조가 지속되었으나, 주전충이 양을 건국하면서 당나라 왕조는 붕괴했다. 또다시 5대10국이라 불리는 군소국 난립의 시대가 찾아오고 송나라에 의해 통일되기까지 혼란의 시대가 이어졌다. 그야말로 분열과 통일이 되풀이되는 역사였다.

각각의 통일왕조가 탄생하고 쇠퇴한 역사에도 공통점이 있다. 정치가 부패하거나 천재지변, 기근 등이 발생해 백성들의 불만이 고조되면 내란이 일어나고 그 혼돈에서 새롭게 국가를 세우는 사람이 나타나는 역사의 반복이다. 황제가 정치, 경제, 군사를 강력하게 장악하고 있는 동안에는 왕조가 안정되지만, 정치를 잘못하면 이민족의 침공이나 농민의 반란이 일어나 붕괴되는 패턴이다.

중국뿐 아니라 로마 제국, 페르시아 제국, 대항해시대의 포르투갈과 스페인 등 모든 왕조나 제국의 역사는 번영과 쇠퇴를 거듭했다. 문자 그대로 흥망성쇠의 역사다. 18세기 이래 세계를 석권했던 대영 제국도 제2차 세계대전 이후 점차 국력이 약해져 새롭게 미국 중심의 세계질서가 형성되었다. 과거 100년 동안의 역사만 돌아보아도 영국의 쇠퇴와 영국을 대신해 등장한 미국의 번영이라는 세계질서의 큰 전환이 일어났다.

더 없는 영화를 누리는 국가라 할지라도 시대와 더불어 반드시 쇠퇴의 길을 걷게 된다. 유럽과 북아프리카에서 소아시아까지 석권한 로마 제국도 실질적 탄생에서 쇠망에 이르기까지의 기간은 400여 년, 중국 왕조 중 가장 길었던 당나라도 300년을 채우지 못했다. 대영 제국이 아프리카와 아시아 등 전세계에 식민지를 건설하고 태양이 지지 않는 나라라는 칭송을 받던 기간도 실질적으로는 겨우 100년에 불과하다.

02 100년 번영을 넘기지 못하는 이유

經濟豫測腦

왕조나 제국은 왜 영원히 번영을 누리지 못할까? 앞서 중국 왕조의 예를 들었는데 또 하나의 예로 로마 제국 흥망의 역사를 간략하게 살펴보자.

기원전 8세기 무렵 도시국가로 탄생한 로마는 시민군의 힘으로 이탈리아 반도 내의 여러 도시국가를 차례차례 평정하면서 제국을 건설했다. 1~2세기 로마 제국의 최고 융성기를 주도했던 다섯 황제, 즉 오현제의 시대에는 영토를 크게 확장했다. 특히 '지고의 황제'라 불린 트라야누스가 다스리던 시기에는 동으로는 소아시아에서 시나이반도,

〈과거의 역사를 현재에 비추어본다〉

로마 제국이 쇠퇴한 이유		현대 국제 거대자본의 미래
① 게르만인들에게 포위되어 새로운 영토 획득이 어려워짐	➡	① 값싼 노동력을 찾아 세계를 개척해 왔지만 더 이상 저렴한 노동력을 찾기 어려워짐
② 전쟁 노예를 획득하지 못해 경제 기반인 농업이 쇠퇴함	➡	② 지금까지 해왔던 저렴한 노동력에 의존한 성장이 힘들어진다.
⬇		⬇
게르만의 침략보다 경제력 쇠퇴가 멸망을 불러왔다.	➡	?

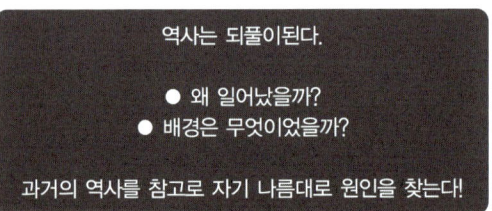

역사는 되풀이된다.

- 왜 일어났을까?
- 배경은 무엇이었을까?

과거의 역사를 참고로 자기 나름대로 원인을 찾는다!

남으로는 이집트에서 북아프리카 연안, 서로는 이베리아반도, 북으로는 브리튼 섬에 이르는 최대 판도를 차지했다. 지중해를 둘러싼 주요 국가들을 모두 지배하게 된 것이다. 오현제 시대에는 팽창한 제국의 영토 내에 공통으로 적용되는 법률과 통화제도, 도량형 등을 제정하고 도로망도 정비했다. '모든 길은 로마로 통한다'라는 말은 이때 생긴 것이다.

로마 제국의 번영은 새로운 영토에서 획득한 노예에 의해 유지되었다. 수많은 노예를 대규모 농장에서 혹사시키는 시스템이 로마의 경제를 지탱하는 중요한 기반이었다. 노예들을 착취하여 시민권을 가진 로마인들은 풍요로운 삶을 향유할 수 있었다. 그러나 로마 제국의 번영을 지탱하던 시스템은 얼마 지나지 않아 파괴되었다. 트라야누스 황제 시대에 최대 판도를 손에 넣자 게르만인을 비롯한 이민족의 영토 침입이 잦았고 더 이상 영토를 넓힐 수 없게 된 것이다. 그 결과 노예 공급이 급격히 부족해졌다.

전쟁 노예가 모자라자 로마 제국에서는 노동력을 보충하기 위해 3세기 무렵 '콜로누스'라고 불리는 소작농민이 탄생했다. 노예와는 달리 재산과 가족을 가질 수 있으나 이동할 자유가 없는 농민이다. 이 소작농제도 아래에서 많은 노예들이 콜로누스로 격상되었다. 농장주들은 노예들에게 일정한 자유를 줌으로써 생산의욕을 고취하는 한편 결혼해서 자식을 낳게 하여 노동력 부족을 메우려는 생각이었다. 콜로누스들은 한정된 자유를 대가로 농지에 속박되어 무거운 공납 의무를 지게 되었다.

게르만의 로마 제국 영토 침입은 4세기 무렵 본격화되었다. 소위 게르만의 대이동이다. 방위를 위해 로마 제국의 전비가 증가할수록 소작농의 공납 부담도 점점 무거워졌다. 결국 경작을 포기하고 도망치는 농민이 속출하고 경작지는 황폐해져 농작물 생산량이 격감했다. 이렇게 로마 제국은 번영의 기반을 잃고 이민족의 침략을 받아 쇠퇴하기에 이른 것이다.

로마 제국이 쇠퇴한 첫 번째 원인을 게르만의 침략으로 본다. 그러나 그 배경을 더 깊이 살펴보면, 국토가 게르만인에게 둘러싸여 새로운 영토 확장이 힘들어진 점과 그 결과 전쟁 노예를 획득할 수 없게 되어 로마 제국의 경제 기반이던 농업이 쇠퇴한 점, 이 두 가지가 실질적인 쇠퇴 원인임을 알 수 있다. 유럽에서부터 소아시아와 북아프리카까지 제패했던 로마 제국은 게르만인의 무력이 아니라 스스로 경제력이 약화되면서 무너진 것이다.

이 구도는 현대 국제 거대자본이 신흥국이나 개발도상국에서 자본주의 영토를 확대하고 있는 모습과 닮아 있다. 서구의 거대자본은 인건비가 낮은 신흥국이나 개발도상국에 공장을 세우고 값싼 제품을 선진국에 판매하여 큰 이익을 얻었다. 그런데 로마 제국이 영토를 확대하지 못해 멸망했듯이, 인건비가 낮은 나라를 계속 찾아 개척하는 식의 자본주의도 언젠가는 한계에 부닥치고 말 것이다. 실제로 급격한 경제성장으로 중국 연안지역은 인건비가 높아져서

세계 동시 불황으로 경기악화를 사전에 예측했다면 개인은 주식이나 환율 등 리스크 자산을 줄이고 예금을 늘려야 하고, **기업경영자는 새로운 설비투자를 억제하고 재고를 줄여나가야 한다.**

더 이상 값싼 제품을 무기로 한 수출이 어려워지고 있다.

또한 리먼쇼크로 인한 세계 불황으로 미국과 유럽의 소비는 침체되었다. 선진국에 수출하여 고성장을 이루었던 신흥국과 개발도상국들은 이제 더 이상 고성장을 기대하지 못한다. 이들 국가에 공장을 건설하여 제품을 수출하던 서구 거대자본 역시 성장을 지속하기에는 어려움이 많다. 농산물 생산이 원활하지 못해 붕괴에 이른 로마 제국과 마찬가지로 국제 거대자본도 앞으로 10년이나 20년 후면 '국제 분업 체제'라는 비즈니스 모델의 한계에 맞닥뜨릴 것이다.

내가 앞에서 "시대나 장소가 달라져도 같은 상황과 조건이 갖추어지면 역사는 되풀이된다."라고 설명한 그대로이다. 과거에 일어난 일을 지식으로 흡수하는 데 끝내지 말고 왜 그런 일이 벌어졌는지, 어떠한 사회 배경 때문에 그렇게 되었는지, 원인을 탐구하는 것이 중요하다.

앞으로 일어날 일을 예측할 수 있다면 미리 적절하게 대응할 수 있다. 만약 세계 동시 불황으로 인한 경기악화를 사전에 예측했다면 개인이 자산운용을 할 때 주식이나 환율 등 리스크 자산을 줄이고 예금을 늘려 시황 변화에 대비하는 대책을 세웠을 것이다. 또 기업경영자는 수출과 개인소비 침체를 예견하고 새로운 설비투자를 억제하고 재고를 줄였을 것이다.

역사는 인간의 욕망이나 의도뿐 아니라 자연의 힘에 의해서도 크게 바뀐다. 최근 심각해지는 기후변동 문제도 조만간 인류 역사에 큰 변화를 일으킬 것이다. 역사를 살피고 미래를 예측하는 힘은 힘겨운 시대를 굳건하게 살아낼 수 있는 도구가 된다. 지금까지 역사에 흥미가 없었더라도 한번 공부를 시작해 볼 가치가 있다는 생각이 들지 않는가?

역사는 주로 인간의 의도와 욕망에 의해 움직인다. 그런 의미에서 심리학을 공부하여 인간심리, 특히 군중심리가 경제와 시장에 어떤 영향을 미치는지를 아는 것도 매우 의미 있는 일이다. 4장에서는 경제 예측 뇌를 단련하기 위한 심리학 공부법에 대해 알아보자.

타인의 입장을 이해하고
자신의 입장과 동시에 타인의 입장에서
사태를 판단할 수 있는 자질이
성공의 비결이다.
헨리 포드

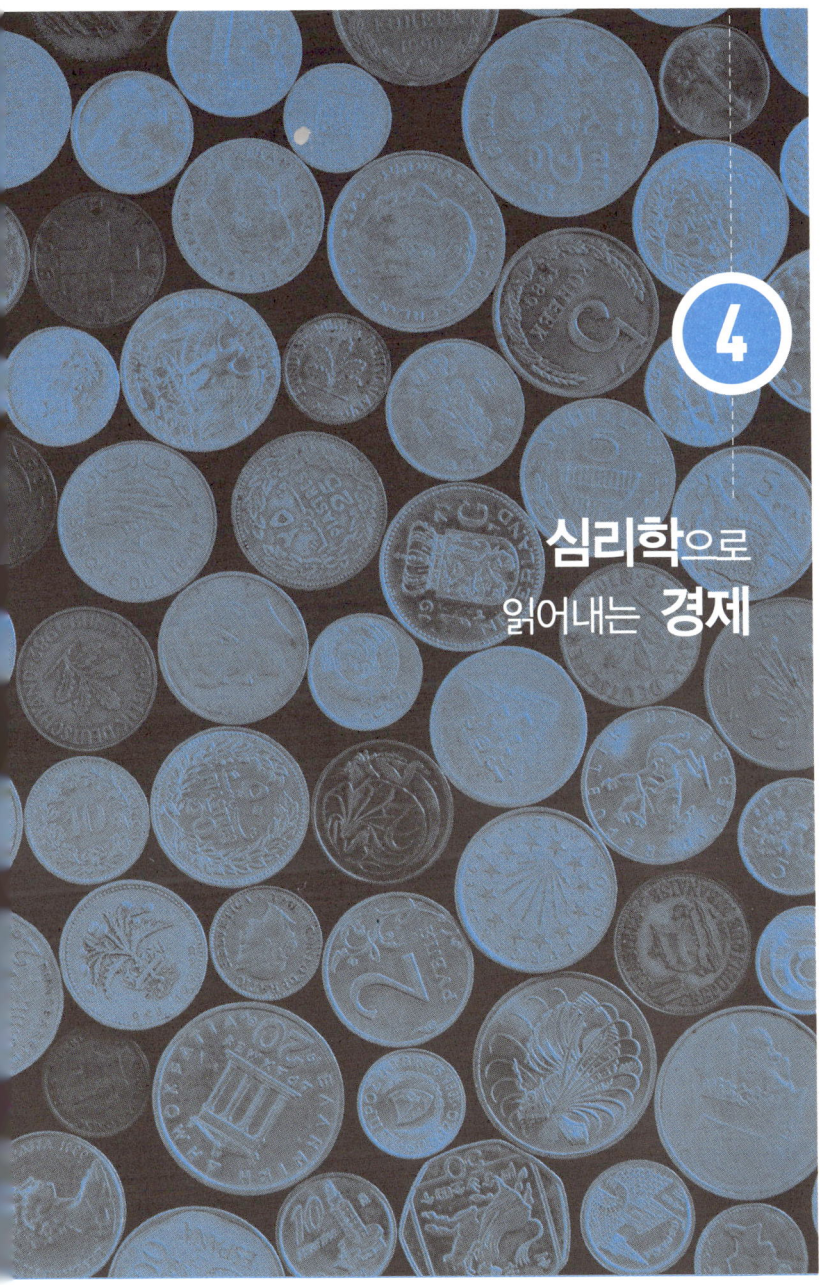

4

심리학으로
읽어내는 **경제**

01 욕망과 공포, 되풀이하는 실수들

經濟豫測腦

얼마 전까지는 "경제 예측을 하기 위해서는 심리학이 유효하다."라고 말해도 고개를 끄덕이는 사람이 거의 없었다. 그렇지만 행동경제학이 널리 퍼진 요즘은 시장의 움직임이 인간의 비합리적 행동에 크게 좌우된다는 점을 개인 투자자도 잘 알고 있다. 이제는 심리학에 기초하여 경제나 시장의 미래를 예측하는 것이 매우 유용한 접근법이라는 주장을 많은 사람들이 받아들이고 있다.

심리학이란 사람의 마음을 읽거나 성격을 판단하는 학문이라고 이해하는 사람들이 많은 듯하다. 근대 심리학 발

주가 대폭락이 일어나는 와중에 역으로 신흥국 채권을 사들여 거액의 손실을 끌어안게 된 **'롱텀캐피털매니지먼트 사건'은 심리적 요인이 작용하면 투자 행동이** 전혀 다른 방향으로 움직인다는 사실을 보여준다.

전에 큰 공헌을 한 프로이트가 꿈 해석이나 정신분석 분야에서 뛰어난 업적을 남겼다는 사실도 '심리학은 곧 마음을 읽는 학문'이라는 이미지가 정착한 원인 중의 하나일 것이다. 물론 정신분석도 심리학의 한 측면이지만 전부는 아니다. 역사학이라고 해도 고대, 중세, 근세, 근대, 현대 등 시기에 따라 나뉘고, 아시아, 유럽, 신대륙 등 지역에 따라서도 구분된다. 또한 정치사, 경제사, 전쟁사, 민중사, 문화사처럼 연구 영역까지 세분화되는 것과 마찬가지로 심리학에도 다양한 영역과 접근 방법이 있다. 이를테면 범죄심리학이나 교육심리학, 스포츠심리학 같은 단어를 어디선가 들어본 적 있지 않은가? 이들 학문은 제각각 해당

영역에서 인간심리의 영향을 탐구하고 그 연구 성과를 응용하여 범죄를 방지하기도 하고 더 나은 교육 프로그램을 책정하기도 하며 운동선수의 경기력을 향상시키는 데 도움을 주기도 한다. 이렇게 실생활과 직접 관련된 심리학을 응용심리학이라고 한다. 행동경제학 역시 응용심리학 중의 하나다.

종래의 금융이론은 '인간은 합리적으로 행동한다.'라는 전제를 기반으로 구축되었다. 투자 성과를 올리려면 기대수익률을 최대화하고 리스크를 최소화하는 것이 기본이며, 투자자는 최대수익을 내기 위해 항상 합리적인 판단과 행동을 한다. 그 결과가 시장의 움직임을 결정한다. 이러한 사고방식이 종래 금융이론의 기본이다. 이와 달리 행동경제학은 "인간은 항상 합리적으로 행동하지는 않는다."라는 전제 아래 인간의 경제활동과 투자 행동을 분석하는 학문이다.

인간은 감정에 의해 행동이 좌우되는 동물이다. 기계라면 눈앞에서 벌어지는 일을 냉정하게 파악하고 어떻게 행동해야 가장 합리적인지 정확하게 판단할 수 있다. 그러나 인간은 눈앞에서 벌어진 일에 대해 욕망이나 공포 같은 감정이 먼저 일어 냉정을 잃고 비합리적으로 행동하는 경우가 드물지 않다. 이처럼 합리적 의사결정이나 행동을 가로막는 심리적 요인을 행동경제학에서는 '심리적 선입견'이라고 한다.

기존의 금융이론은 심리적 선입견을 거의 고려하지 않은 채, 인간은 항상 합리적으로 의사결정을 내리고 행동한다는 전제 아래 성립되었다. 제1장에서 소개한 블랙-숄즈 방정식을 비롯한 현대 금융공학의 대다수가 그렇게 해서 탄생했다. 롱텀캐피털매니지먼트는 그러한 금융이론이 만능이라고 굳게 믿었다. 그랬기 때문에 당시 세계시장에 휘몰아친 '신흥국 채권시장이 폭락할 것'이라는 투자자들의 공황심리를 읽지 못하고, 대폭락이 일어나는 와중에 역으로 신흥국 채권을 사들임으로써 거액의 손실을 끌어안게 되었다. 실제 인간의 투자 행동은 욕망이나 공포라는 심리적 선입견에 의해 이론과는 크게 다른 방향으로 움직인다는 사실을 보여주는 전형적 사례다.

롱텀캐피털매니지먼트의 실패 사례를 교훈으로 삼으면

경제나 시장의 앞날을 예측하는 힌트를 얻을 수 있다. 눈앞에서 일어난 일에 대해 인간이 어떤 행동을 하는지 실제로 예상해 보면 상당히 정확하게 결과를 예측할 수 있을 것이다.

4장에서는 행동경제학에서 지금까지 이룬 연구 성과와 내가 인간심리에 대해 생각하는 바를 바탕으로, 심리학적 측면에서 경제와 시장의 미래를 예측하는 방법을 설명하겠다.

3장에서 시대와 장소가 달라도 같은 상황과 조건이 갖추어지면 역사는 되풀이된다는 내용을 설명했다. 인간은 큰 욕망이나 공포에 휩싸이면 상황을 냉정하게 판단하지 못해 같은 잘못을 몇 번이고 저지른다. 설령 과거에 비슷한 잘못을 저지르고 비참한 끝을 맞이한 적이 있어도 지금

> 기존의 금융이론은 심리적 선입견을 거의 고려하지 않은 채, '인간은 항상 합리적으로 의사결정을 내리고 행동한다'는 전제 아래 성립되었다.

당장 욕망이나 공포에 사로잡힌 인간에게는 냉정하게 생각할 여유가 없다. 인류는 그렇게 번영과 쇠퇴, 확대와 수축의 역사를 되풀이하고 있다.

버블경제의 발생은 더 많은 이익을 얻고 싶어 하는 인간의 욕망에 의한 것이다. 인간이라는 생물은 아무리 이익을 얻어도 만족할 줄 모른다. 100만 원을 벌면 다음에는 1,000만 원, 그 다음에는 1억 원, 10억 원 등등 끝없이 '더, 더, 더!'를 추구하는 존재다. 그러나 버블은 영원히 지속되지 않는다. 팽팽하게 부풀어 오른 풍선이 작은 자극에 쉽게 터지듯 버블경제도 어느 날 갑자기 붕괴한다.

인간의 공포는 생존본능에 위협을 느낄 때 극대화된다. 전쟁이나 큰 재해에 휘말린 민중이 공황상태에 빠지는 상황을 떠올려보라. 버블붕괴에 의한 주가 폭락이나 부동산 폭락 역시 인간의 공포심 때문에 일어난다.

⟨주요 버블의 역사⟩

발생 연도	명칭	발생국, 지역	주요 투기 대상
1634년~1637년	튤립버블	네덜란드	튤립 구근
1720년	남해버블	영국	주식
1719년~1721년	미시시피버블	프랑스	주식
1840년대	철도광 시대	영국	주식
1926년~1929년	검은 목요일	미국	주식
1987년	블랙 먼데이	미국	주식
1986년~1991년	버블경기	일본	부동산, 주식
1999년~2001년	IT버블	미국을 중심으로 한 선진국 일부	주식
2003년~2006년	주택버블	미국을 중심으로 한 선진국 일부	부동산
2003년~2007년	금융버블	미국을 중심으로 한 선진국과 신흥국	주식, 채권 등

02 버블은 어떻게 발생하는가

經濟豫測腦

　버블경제라고 하면 1980년대 일본의 버블경기나 지난 10년 동안 미국에서 발생한 IT버블, 주택버블, 금융버블 정도밖에 기억나지 않겠지만, 역사를 거슬러 올라가면 300년도 전에 유럽에서 세계 최초의 버블경기 사건이 발생했다. 바로 '튤립버블'이다.

　튤립버블은 17세기 네덜란드에서 일어난 세계 최초의 버블경기 사건이다. 사건의 발단은 네덜란드에 튤립이 유입되면서 시작된다. 지금이야 네덜란드가 튤립 산지로 세계적으로 알려졌지만, 튤립의 원산지는 중앙아시아이며 그러나 버블은 영원히 지속되지 않는다. **팽팽하게 부풀어 오른 풍선이 작은 자극에 쉽게 터지듯 버블경기도 어느 날 갑자기 붕괴한다.**

유럽에는 16세기 이후에 전래되었다. 당시 판도를 넓혀 중앙아시아까지 뻗어나간 오스만 투르크 제국이 튤립을 재배하고 품종을 개량하면서 유럽에 전해졌고, 네덜란드에는 독일을 경유해 17세기 초에 유입되었다.

네덜란드에 튤립이 유입되자 부유층 소비자를 위해 다양한 품종개량이 이루어져 독특한 색상과 모양을 지닌 튤립들이 탄생했다. 튤립은 단기간에 종자나 구근을 늘리기 어려운 식물이라 진귀한 품종일수록 품귀현상을 빚어 가격이 비싸게 매겨졌다. 외국과 무역이 활발한 네덜란드에는 인도네시아에서 향료 무역으로 부를 축적한 사람들이 많이 있었다. 그런 부유층 애호가들이 돈을 아끼지 않고 고가의 튤립 구근을 거래함으로써 튤립시장은 점점 달아올랐다.

〈버블 발생의 프로세스〉

제1단계 — **수급 불균형**

구매자가 많고 판매자가 적은 상황에서 가격이 상승한다.

제2단계 — **투기꾼에 의한 매수**

가격상승에 주목한 투기꾼이 구매하면서 가격이 더 올라간다.

제3단계 — **일반투자자에 의한 매수**

가격상승으로 돈을 벌 수 있다고 생각한 일반투자자가 구매하면서 가격이 또 상승한다.

가격 꼭짓점에 도달

제4단계 — **버블붕괴 시작**

가격이 지나치게 상승하여 구매자가 없고, 이미 구매한 사람들이 팔기 시작한다.

제5단계 — **버블붕괴 본격화**

팔려는 사람이 많고 사려는 사람이 적은 상태가 되어 가격이 하락한다. 버블이 종언을 맞는다.

튤립시장의 움직임에 주목한 이들은 단기매매로 이익을 보려는 투기꾼들이었다. 투기꾼들이 가격상승에 의한 이익만을 바라보고 매매를 반복한 결과 튤립 가격은 폭등했다. 희소 품종 구근 하나와 호화 저택을 맞바꿀 정도였다니 일정한 틀에서 벗어난 폭등이었다. 마침내 투기꾼뿐 아니라 농민이나 수공업자 같은 서민들도 튤립 투기에 열을 올리게 되었다. 밑천이 없는 서민 중에는 가구를 팔거나 빚을 내면서까지 고가의 구근을 사들이는 이들도 있었다.

그러나 1634년 무렵 시작된 튤립버블은 3년 후 어느 날 갑자기 터졌다. 구근 가격이 대폭락한 것이다. 가격이 너무 높아져 튤립 구근을 사겠다는 사람이 없었기 때문이다. 그 결과 네덜란드가 대혼란에 빠졌다. 가진 재산을 쏟아 튤립 구근을 샀던 서민들은 빈털터리가 되었고 빚을 낸 사람들은 많은 부채를 짊어졌다. 그렇게 튤립버블은 세계 최초의 버블경기로 알려져 있다.

튤립버블이 발생하고 붕괴하기까지의 과정을 보면 1980년대 일본의 버블경기, 2003년에 발생한 미국의 주택버블 및 금융버블과 공통점이 많다는 사실에 놀라게 된다. 일반적으로 버블경기는 단번에 투자열이 높아져서 발생하지는 않는다. 처음에는 수급 불균형에 의해 가격이 올라가고, 거기에 주목한 투기꾼이 사들이면서 가격이 더욱 높아지며, 그 흐름에 편승하여 서민들이 대거 시장에 참가함으로써 급격한 상승 국면에 도달한다. 버블의 제3단계, 즉 서민들이 주식투자나 주택투자에 몰려들 무렵에는 주가나 주택시장은 이미 꼭대기에 도달해 있다. 주가가 지나치게 상승하여 매수자가 없어지고 보유자가 팔기 시작하면, 이제 가격이 급락하여 꼭짓점에서 매수했던 많은 일반투자자는 자산 가치가 크게 줄어 고통을 받는다.

일본의 버블경기 붕괴로 많은 개인투자자가 주가 폭락에 고통을 받은 것도 이러한 구도에서이다. 튤립버블도 투기꾼의 매수 움직임에 놀아난 서민들이 버블 불씨에 기름

> 인간이라는 생물은 아무리 이익을 얻어도 만족할 줄 모른다. 100만 원을 벌면 다음에는 1,000만 원, 그 다음에는 1억 원, 10억 원 등등 끝없이 '더, 더, 더!'를 추구하는 존재다.

〈연쇄적 버블〉

네덜란드 / 튤립버블 (1634년~1637년)

1610년대부터 네덜란드에서는 진귀한 튤립 구근이 비싼 값에 거래되었다. 가격이 상승하면서 투기꾼뿐 아니라 일반 서민도 휩쓸리면서 투기열이 고조되자 구근 가격이 이상 수준까지 치솟았다. 그러나 1637년 2월 3일 갑작스레 가격이 폭락하여 튤립버블은 막을 내렸다.

영국 / 남해버블 (1720년)

당시 재정난에 처한 영국 정부는 재정위기를 타개할 목적으로 무역회사인 남해회사를 설립했다. 정부로부터 남미와 남태평양 무역 독점권을 받은 남해회사가 주식을 발행하자 이익이 클 것이라는 믿음에 투기 대상이 되었다. 주가는 반 년 만에 10배 올랐지만 1720년 8월에 폭락한다. 이 영향으로 영국에서는 10년 동안 주식 공개가 금지되었다.

프랑스 / 미시시피버블 (1719년~1721년)

스코틀랜드인 존 로(John Law)가 18세기 외국과의 전쟁 및 방만한 재정으로 파산상태였던 프랑스 재건을 책임지고 식민지 아메리카의 루이지애나 개발회사인 미시시피회사를 설립했다. 모험사업 독점권이 부여되었기에 막대한 부를 얻을 수 있으리라는 기대에 투자자들이 몰려들어 투기가 과열되었다. 미시시피회사의 주식은 단기간에 30배까지 치솟았으나 1721년에 들어서자 매수자가 나타나지 않아 한꺼번에 폭락했다. 많은 주주들이 큰 손실을 입었다.

을 붓고 결국에는 가격 폭락에 따른 거액의 손실을 끌어안게 된 것이다. '이번 기회를 잡지 못하면 손해', '다들 사니까 나도 빨리 사야지.' 하는 초조함과 강박관념이 개인투자자들을 열광의 도가니로 몰아넣는 동력이 되어 버블을 점점 팽창시킨다. 주가나 주택 가격의 급상승, 또는 튤립버블에서 나타난 구근의 가격급등은 그러한 인간심리가 빚어낸 현상이다. 애초에 구근 하나가 호화주택 가격과 맞먹는 상황을 이상하게 여기지 않는다는 것 자체가 비정상이다. 인간은 욕심에 눈이 멀면 정상적 판단이 불가능해지는 것이다.

튤립버블에 이어 유럽에서는 18세기에 남해버블 사건, 미시시피버블 같은 버블경기 사건이 계속 일어났다. 겨우 100년이 못 되는 사이에 세 가지 버블경기 사건이 연속해서 일어났다는 사실은 인간이 지치지도 않고 같은 잘못을 되풀이하는 존재임을 시사한다.

03 주가 폭락의 메커니즘

經濟豫測腦

 버블경기가 인간의 욕망과 강박관념에 의해 부풀어 오르는 것과 마찬가지로 버블붕괴 후 주가나 주택 가격의 대폭락도 '공포'라는 인간심리에 의해 발생한다. 한때 38,915포인트에 달했던 니케이 지수는 일본의 버블붕괴 후 고작 9개월 만에 20,000포인트 아래로 절반 가까이 떨어졌고, 뉴욕 다우존스 지수는 최고치였던 14,164포인트에서 17개월 만에 7,000포인트 아래로 급락했다. 이는 계속된 주가 하락을 견디지 못한 투자자들의 공황심리 때문이다. '떨어지니 팔고 파니까 하락하는' 마이너스 연쇄반응이 일어

주가 차트는 '인간심리의 바로미터'라 할 수 있다. 주가가 급등하는 것은 인간의 욕망이 달아오른 증거이며, 주가가 급락하는 것은 공포심이 **고조되었음을 반영한다.**

난 것이다.

앞에서 버블 발생이 확대되기까지의 프로세스에 대해 첫째, 수급 불균형, 둘째, 투기꾼 매수, 셋째, 일반투자자들의 구매, 3단계가 있다고 설명했다. 일반투자자는 항상 가장 늦게 시황에 반응하는 시장 참가자다. 이는 일반투자자가 투자열을 올릴 때는 이미 꼭짓점이 코앞에 있다는 뜻이다. 다른 말로 하면 친구나 지인들이 지금 주식이 엄청 오르니까 사야 한다고 말할 즈음이면 주가는 오를 만큼 올라서 앞으로 크게 오르지 않을 상황이다. 주식투자 경험이 없는 사람일수록 그런 최악의 시기에 투자를 시작하는 우를 범하기 쉽다.

주가 차트는 '인간심리의 바로미터'라고 할 수 있다. 주가가 급등하는 것은 인간의 욕망이 달아오른 증거이며, 주가가 급락하는 것은 공포심이 고조되었음을 반영한다. 주가를 예측하기는 쉽지 않지만 적어도 시장이 과열되었는지를 알고 경계심을 강화할 수는 있다. 버블경기에 춤추다 상투를 잡는 실수를 범해서는 안 된다. 그런데 주가는 상승할 때보다 폭락할 때 속도가 빠른 습성이 있다. 이것도 인간의 공포심과 무관하지 않다. 본래 인간은 생존본능에 위협을 받으면 뇌가 공황상태를 일으켜 주위를 살필 겨를도 없이 그 상황에서 벗어나려고 한다. 그런 본능적 행동이 연쇄적으로 일어나면 상황이 점점 혼란스러워지는 악순환으로 이어진다.

예를 들어 지하도를 걷는데 큰 지진이 일어났다고 하자. 지상으로 올라가는 대피로 입구의 폭은 겨우 두 사람이 지나갈 정도이다. 그렇지만 일단 지진으로 공황상태에 빠지면 그 좁은 입구로 사람들이 몰려들면서 아무도 빠져나가지 못하게 되어버린다. 침착하게 한 사람씩 나가는 것이 안전하지만 절대 그렇게 되지 않는다. 그런 상황에서는 대피로 입구 계단에서 사람들이 도미노처럼 쓰러지는 2차

재해가 일어날 수도 있다. 이와 같이 주위가 공포에 휩싸이면 그 공포심은 공명을 일으키고 증폭되어 집단 히스테리 상태에 빠진다. 그리하여 상황은 더욱 혼란스러워진다.

주가 폭락도 마찬가지다. '돈이 없어서 앞으로 생활이 곤란하다. 생존본능이 위협받는다.'라는 신호가 뇌에 작용하면 투매가 일어난다. 그 결과 매도가 매도를 불러 주가는 예상보다 훨씬 크게 폭락한다. 주가 폭락에 대한 공포심은 레버리지를 이용했을수록 커진다. 작은 가격변동에도 한꺼번에 자산을 잃을 가능성이 있으므로 투매는 당연한 일이다.

그 예로 미국 주식시장에서는 뉴욕 다우존스 지수가 13,000~14,000포인트의 높은 가격대에서 하락으로 돌아서자 풀 레버리지를 걸었던 헤지펀드 등이 버티지 못하고 12,000포인트 전후에서 투매를 했다. 그 영향으로 주가가 더욱 떨어지자 비교적 작은 레버리지를 걸었던 투자자들도 공황에 휩싸여 헤지펀드를 따라 매도했다. 마침내 주가는 1만 포인트 아래로 떨어졌다. 그렇지만 그것으로 끝이 아니었다. 1만 포인트 선이 붕괴되자 여기서 더 떨어질지 모른다는 공황심리가 시장 전체에 퍼졌다. 그 결과 레버리지를 걸지 않은 투자자들까지 일제히 팔기 시작해 최종적으로 다우존스 지수는 7,000포인트 이하로 떨어졌다.

 버블장이 개인투자자의 참가로 급등하듯 버블붕괴 후의 주가 하락폭도 공포에 휩싸인 개인투자자의 매도에 의해 커지는 경향이 있다. 이처럼 인간의 심리는 시황을 크게 출렁이게 만드는 힘을 갖고 있다. 시황뿐 아니라 실물경제의 상황에 대해서도 인간심리가 크게 작용한다. 특히 소비가 GDP의 70% 정도를 차지하는 미국이나 60%가량 차지하는 일본에서는 인간심리가 경제에 미치는 영향을 경시할 수 없다.

> 일반투자가가 투자열을 올릴 때는
> 이미 꼭짓점이 코앞에 있다는 뜻이다.
> 주식투자 경험이 없는 사람일수록
> 최악의 시기에 투자를 시작하는
> 우를 범하기 쉽다.

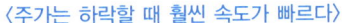

〈주가는 하락할 때 훨씬 속도가 빠르다〉

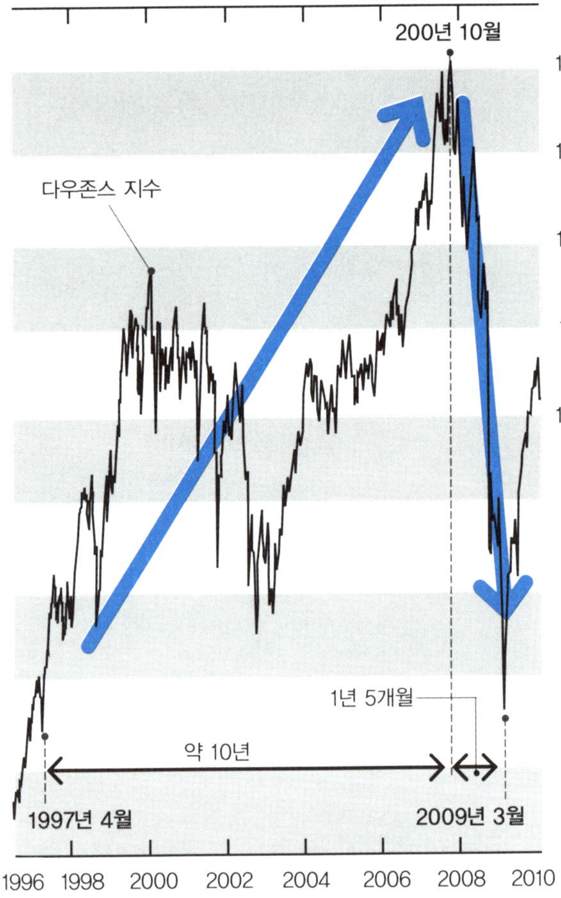
200년 10월
14,000
13,000
12,000
11,000
10,000
9,000
8,000
7,000
6,000
다우존스 지수
1년 5개월
약 10년
1997년 4월
2009년 3월
1996
1998
2000
2002
2004
2006
2008
2010

다우존스 지수는 약 10년에 걸쳐 상승했다가
단 1년 5개월 만에 그만큼 떨어졌다.

04 판단을 그르치는 심리적 선입견

經濟豫測腦

정부나 기업도 결국 인간의 집합체다. 판단과 행동에 심리적 선입견이 작용해 비합리적 방침을 정하거나 국민을 잘못 이끄는 경우가 적지 않다. 정부나 기업이 하는 말이 옳은지 아닌지 항상 생각해 볼 필요가 있다.

예를 들면 개별 주식상품을 판매할 때 기업의 실적이나 실적 예상은 중요한 판단 재료 중 하나다. 기업은 결산 발표를 하면서 당기 실적과 함께 차기 실적 예상을 발표한다. 당초 예상보다 클 경우에는 실적이나 실적 예상을 상향 조정하고 반대로 작을 때에는 하향 조정한다. 물론 실

정부나 국제기관, 연구소 등에서 경제성장률이 향상될 것이라는 예측이 발표되었다고 해서 안이하게 그 나라에 투자하는 것은 몹시 위험하다.

적이나 실적 예상이 상향 조정되면 그 기업의 주식이 잘 팔리고 하향 조정되면 잘 팔리지 않는다. 막상 뚜껑을 열어보면 실제 실적이나 실적 예상이 크게 상향 조정되거나 터무니없이 하향 조정되는 경우가 드물지 않다. 그때마다 기업의 주가는 큰 폭으로 등락을 거듭한다.

왜 기업의 실적 예상은 맞지 않을까? 사실은 여기에도 심리적 선입견이 영향을 미치고 있다. 인간은 주어진 상황이 좋을수록 강경해지고 반대로 불리한 처지일수록 마음이 약해진다. 경영진도 인간이기에 경기가 좋고 판매가 높아지고 있을 때면 결과에 자신감을 갖고, 반대로 불황일 때는 자신감을 잃는다. 과도한 자신감이나 불안을 가진 결과가 극단적 상향 조정이나 하향 조정으로 이어지는 것이다. 게다가 경제상황이 바뀔 때마다 예상은 자꾸만 조정되기에 실적 예상은 기업의 펀더멘털을 측정하는 지표로는 그다지 도움이 되지 않는다.

이런 경향은 기업의 실적 예상뿐 아니라 정부나 국제기관, 연구소 등에 의한 경제성장 예측에서도 마찬가지다. 앞으로 경제성장률이 향상되리라는 예측이 발표되었다고 해서 안이하게 그 나라에 투자를 하는 것은 몹시 위험하다. 처음부터 당사자가 발표하는 예측에는 당연히 심리적 선입견이 작용한다는 마음가짐으로 정보를 받아들여야 한다.

물론 심리적 선입견은 투자자의 투자 판단에도 크게 영향을 미친다. 심리적 선입견으로 인해 시장 움직임에 대한 판단을 그르치고 큰 손해를 보는 경우가 허다하다. 행동경제학에서 연구하는 투자자의 심리적 선입견으로는 과도한 자신감, 손실 회피, 순응적 태도 등이 있다. 그러면 몇 가지 심리적 선입견을 통해 여러분의 투자심리를 테스트해 보자.

먼저 다음 질문에 답해보라.

【문1】 오를 것이라고 자신하고 산 주식이 예상 밖으로 크게 떨어지기 시작할 때 당신은 어떻게 행동하겠는가?

처음부터 당사자가 발표하는 예측에는 심리적 선입견이 작용한다는 마음가짐으로 정보를 받아들여야 한다.

① 분명히 오를 테니 계속 보유한다.
② 틀림없이 오를 줄 알았는데 내렸으니 손절매한다.

이런 상황에서 투자자의 마음에는 갈등이 일어난다. '내 판단이 틀렸을까?' 하는 불안과 '내 판단이 옳다고 믿고 싶다.'라는 바람이 대립하는 것이다. 인간의 뇌는 이런 갈등을 불쾌하게 느끼기 때문에 무의식적으로 불쾌감을 없애려고 한다. 그래서 '일시적 하락일 뿐'이라거나 '시장 전체가 악화됐으니 별 수 없지.' 같은 이유를 대어 주가가 하락하고 있다는 사실을 외면하고 자신의 판단이 옳았다고 정당화하려 한다.

이때 떨어지기 시작한 주식을 손절매하는 것이 합리적인 판단이다. 잘못을 빨리 인정하여 손절매하고 그 자금을 다음 투자 기회에 사용하는 편이 효율적 운용을 실현할 가능성이 높기 때문이다. 그렇지만 자신감이 강한 사람일수록 제 잘못을 인정하고 싶지 않은 나머지 떨어지기만 하는 주식을 계속 보유하고 손실을 눈덩이처럼 키우는 경향이 있다.

그러면 왜 인간은 과도한 자신감에 빠져드는 것일까? 그 원인 중의 한 가지는 자신의 정보 분석 능력에 대한 과신이다. 예를 들면 인터넷으로 주식거래를 하는 사람은 인터넷을 통해 다양한 정보를 입수한다. 많은 정보를 입수하면 주가 예측이 반드시 맞는다고 장담할 수는 없으나 정보를 모으면서 자신의 예측에 대해 지나친 자신감을 갖는 사람이 늘어간다. 하지만 그 자신감은 어디까지나 환상에 지나지 않아서 실제 거래에서는 큰 손실을 입는 경우가 많다. 과도한 자신감에 빠진 사람일수록 고수익을 추구하느라 리스크를 경시하는 경향이 강하기 때문이다.

과도한 자신감을 가진 투자자일수록 주식거래 회전율이 높아지는데, 연간이익률을 비교하면 회전율이 낮은 투자자에 비해 수익이 나쁘다는 조사결과도 있다. 자신감을 갖고 효율적 투자를 한다고 믿었지만 역효과가 난 것이다.

위의 질문에 "오를 것이니 계속 보유한다."라고 대답한 사람은 주의해야 한다.

다음의 두 가지 질문을 통해 '손실 회피'에 대해 알아보자.

【문1】 당신은 최초에 100만 원을 받는다. 그 후 _____
① 100% 50만 원을 획득할 수 있다.
② 50% 확률로 100만 원을 획득할 수 있으나
　 50% 확률로 아무것도 획득하지 못한다.
당신은 ①과 ② 중 어느 쪽을 택하겠는가?

【문2】 당신은 최초에 200만 원을 받는다. 그 후 _____
① 100% 50만 원을 잃는다.
② 50% 확률로 100만 원을 잃거나
　 50% 확률로 아무것도 잃지 않는다.
당신은 ①과 ② 중 어느 쪽을 택하겠는가?

【문1】【문2】 모두 ①을 선택하면 150만 원이 수중에 남

는다. 한편 어느 질문이든 ②를 선택하면 '200만 원을 가진다.'와 '100만 원밖에 못 가진다.'의 확률이 50%로 동일하다. 즉 두 문제 모두 질문 방법을 바꾸었을 뿐 같은 결과에 대한 물음이다. 그러나 사람은 각각의 질문에 대해 다른 선택을 하는 경향이 있다. 통계에 의하면 【문1】에서는 80~90%가 ①을 선택한 반면에 【문2】에서는 65~75%가 ②를 선택한다고 한다.

 질문 방법을 바꿨을 뿐인데 왜 이렇게 대답이 달라질까? 인간은 이익이 나는 경우 리스크를 회피하는 행동을 선호하고, 손실이 생기는 경우에는 리스크를 지향하는 행동을 선택하는 경향이 있기 때문이다. 인간은 손실을 싫어하며 눈앞의 이익에 사로잡히기 쉽다고 바꾸어 말할 수 있다.

시장 움직임에 대한 심리적 선입견으로 인해 판단을 그르치는 경우로는 과도한 자신감, 손실 회피, 순응적 태도 등이 있다.

행동경제학은 '경제 예측 뇌'를 단련하기에 적합한 훈련수단이다.
스스로 투자 행동을 수정할 수 있으며,
행동경제학의 연구 성과는 시장의
움직임이나 경제동향을 예측할 때 큰 도움이 된다.

이를 심리적 선입견의 일종인 '손실 회피'라고 한다. 손실 회피의 대표적 예가 주식투자 등에서 손절매 타이밍을 놓치는 것이다. 손실을 회피하려는 심리적 선입견이 작동하여 적절한 판단을 내리지 못하기 때문이다.

마지막으로 '순응적 태도'를 살펴보자.

【문】 주식투자를 하고 있는 지인 10명 중 9명은 A주식이 오를 것이라고 말하고 한 명만이 B주식이 오를 것이라고 주장한다. 당신은 A주식과 B주식, 어느 것을 사겠는가?

이 경우 많은 사람들이 A주식을 사겠다고 답할 것이다.

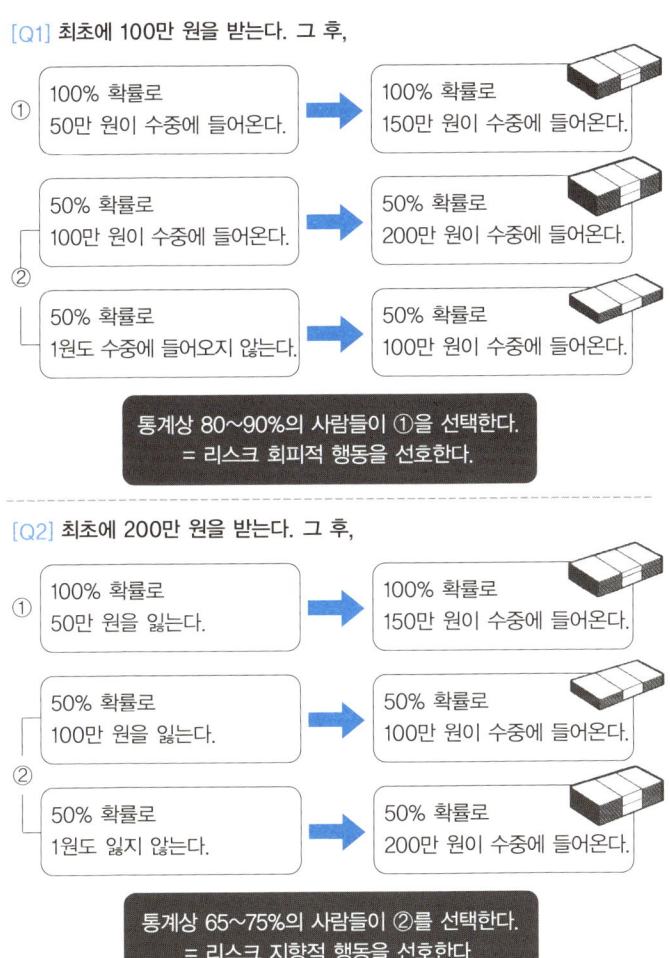

이는 우리가 알게 모르게 주위의 영향을 받기 때문이다. 친구나 지인들이 '앞으로 주식이 오를 것'이라고 하면 우리도 무의식적으로 같은 의견을 갖게 된다. 인간에게는 '자신을 정당화'하고 싶고 '미래의 후회를 회피'하고 싶은 심리가 작용한다. 타인과 같은 행동을 하면 후회할 일이 없으리라고 무의식적으로 생각하는 것이다. 이것을 '순응적 태도'라고 한다.

합리적 주식투자를 하기 위해서는 주위에 영향 받지 않고 냉정하게 시장 상황을 분석하면서 독자적인 매매방침을 세워야 한다. 그럼에도 많은 사람들이 주변 분위기에 순응하여 매매하려고 하는 것은 남들과 똑같이 움직여야 '내 행동은 틀리지 않는다.'라고 안심할 수 있기 때문이다. 그런 생각은 어디까지나 환상에 지나지 않지만 남들처럼 행동하면 불안이나 정신적 고통이 완화되기에 아무래도 주변 분위기를 따르기 쉽다.

지금까지 행동경제학의 대표적 연구 성과의 예를 살펴보았다. 자신의 생각이나 행동이 얼마나 심리적 선입견에 영향 받는지를 알고 놀라지 않았는가? 행동경제학에 대해서는 입문서에서부터 전문서까지 다양한 책이 나와 있으니 관심이 있다면 더 깊이 공부하는 것이 좋다. 행동경제학을 공부하면 인간의 투자 행동이나, 그 결과인 시장의 움직임이 인간의 불합리한 행동에 크게 좌우된다는 사실을 깊이 이해할 수 있다. 그리하여 스스로 투자 행동을 수정할 수 있으며, 행동경제학의 연구 성과는 시장의 움직임, 경제동향을 예측할 때도 큰 도움이 된다. 행동경제학은 '경제 예측 뇌'를 단련하기에 적합한 훈련 수단이다.

정치가라면 현재의 막막한 정치상황을 어떻게 타개할까, 경영자라면 실적이 부진한 기업을 어떻게 회생시킬까, 주부라면 월급이 줄어들어 빠듯해진 살림을 어떻게 꾸려갈까….

05 다양한 입장에서 생각하면 경제가 보인다

經濟豫測腦

    경제나 금융시장은 기본적으로 인간의 욕망과 불안에 의해 움직이지만 모든 인간을 한 범주에 넣을 수는 없다. 인간은 각각 다른 가치관과 사고방식을 지녔기에 지금 눈앞에서 벌어지는 경제상황이나 금융시장에 대한 판단도 천차만별이다. 그런 차이를 인정하고 다양한 인간이 어떤 입장에서 무엇을 생각하고 무엇을 고려하여 행동하는지를 평소에 상상하는 것이 경제나 금융시장에 대한 예측력을 높이는 데 효과적인 훈련 방법이다. 두말할 필요도 없이, 글로벌 경제 아래서는 경제와 금융시장이 복잡하게 얽혀 돌아간다.

  예컨대 '오늘 US달러를 파는 사람의 이유'를 전부 알 수 있겠는가?

  US달러가 올랐으니까
  이익을 조금 확보했으니까
  손절매 라인에 도달했으니까
  적은 손실로 빠져나가고 싶으니까
  US달러가 내렸으니까
  5% 상승했으니까
  10% 하락했으니까
  미국경제지표가 나빠졌으니까
  테크니컬 지표가 그렇게 판단했으니까
  FRB가 제로금리를 유지하려 하니까
  유명한 이코노미스트가 팔라고 하니까
  내일부터 한동안 시장을 확인할 수 없으니까
  그냥 팔고 싶으니까

이유를 더 찾자면 끝이 없을 것이다. 정부의 경제정책이나 중앙은행의 금융정책에 의해 정해지는 것은 경제나 금융시장 움직임의 일부분에 지나지 않는다. 인간의 마음속에 품고 있는 기대나 공포, 스트레스 같은 감정, 개개인의 사정 등 경제와 금융시장은 무수한 원인에 의해 움직인다.

또 현재의 불투명한 세계경제 상황에 대해 다양한 인간의 입장에서 곤란한 상황을 어떻게 극복할까를 생각해 보는 것도 중요한 훈련 방법이다. 정치가라면 현재의 막막한 정치상황을 어떻게 타개할까, 경영자라면 실적이 부진한 기업을 어떻게 회생시킬까, 주부라면 월급이 줄어들어 빠듯해진 살림을 어떻게 꾸려갈까 등등 그런 상황을 돌파할 방법을 다른 사람의 입장에서 냉정하게 생각해 보라는 얘기다.

이런 시도가 경제 예측 뇌를 단련하는 데 도움이 된다. 이러한 훈련을 하면 더 넓은 관점에서 세상과 경제의 움직임이 보인다.

마지막으로, 경제학자의 반론이 있을지 모르겠지만 나는 위대한 경제학자 케인스의 경제이론이 인간심리를 가장 중시하고 있다고 생각한다. 케인스의 유명한 재정정책 이론은 정부의 재정정책 그 자체가 아니라 경제 회복을 위해서 국민의 심리를 움직여야 한다는 데에 역점을 둔 것이다. 그러기에 케인스는 위대한 경제학자인 동시에 경제학자로서는 드물게 우수한 투자자였던 것이다.

다양한 인간이 어떤 입장에서
**무엇을 생각하고 무엇을 고려하여
행동하는지를 평소에 상상하는 것이**
경제나 금융시장에 대한 예측력을 높이는 데
효과적인 훈련 방법이다.

하나의 근본으로부터 만 갈래로
나눠지는 것이 산이요, 만 가지 갈래가
하나로 합쳐지는 것은 물이다.

신경준

5

철학으로 들여다본
경제의 이면

01 세상을 통찰하는 눈이 생긴다

經濟豫測腦

역사학과 심리학의 관점에서 '지금 일어나는 일'과 '앞으로 일어날 일'을 생각하는 것은 경제 예측을 위해 중요한 접근법이다. 그러나 역사학이나 심리학은 컴퓨터로 치면 엑셀이나 워드 같은 응용소프트웨어에 지나지 않는다. 윈도나 리눅스 등 OS가 들어 있지 않으면 컴퓨터의 응용소프트웨어가 작동하지 못하는 것처럼 역사학이나 심리학에 기초하여 무엇인가를 생각하려면 우선 그 근간이 되는 '사물에 대해 생각하는 방법'과 '세상사를 파악하는 방법'을 익혀야 한다. '지^{知}의 OS'가 될 만한 것을 머릿속에 인

> '사물에 대해 생각하는 방법'
> '세상사를 파악하는 방법'을
> 확립하지 못한 채 예측을 시도하면
> 불확실한 답밖에 나올 게 없다.

스톨한 후 다양한 응용소프트웨어를 작동시켜야 한다.

 '지知의 OS'란 바로 '철학'이다. 일반적으로 철학은 난해하여 다가가기 어렵고 실생활에는 아무 소용없는 학문으로 여겨진다. 추상적 개념을 비틀어보거나 이해하기 어려운 용어를 써서 논리를 세우는 점이 어렵다는 이미지로 이어졌을 것이다. 그러나 철학은 본래 그런 학문이 아니다. 철학은 다양한 철학자의 사상을 지식으로 외우는 것이 아니라 철학자가 생각하는 방법 그 자체를 배움으로써 사고력을 단련하여 사물을 조감하는 능력을 키우는 학문이다.

 서양에서는 지금도 철학적으로 세상을 보는 방법, 생각하는 방법을 익히는 것이 모든 학문을 익히기 위한 기초라고 인식하고 있다. 본디 철학이라는 단어는 고대 그리스어인 philosophia가 어원으로, '지혜를 사랑한다'는 뜻이다.

이는 철학의 본래 사명이 '어떻게 이해할까', '어떻게 공부할까'를 연구하는 학문이라는 점을 보여준다.

흔히 철학이 없는 정부라고 하는데 이것은 당장 눈앞에 닥친 문제 해결에 급급한 정책만 내놓는 데 대한 비판일 것이다. 원칙적으로 국가는 현재 놓인 상황, 위상, 지향해야 할 방향성을 포함한 전체상, 바꿔 말하면 총론을 분명하게 정립하고 각론으로써 정책을 내놓아야 마땅하다. 그러나 정치가가 국가에 대한 명확한 철학을 정립하지 못했으니 효과를 기대할 수 없는 정책이 뒤죽박죽 난무할 수밖에 없다.

'경제 예측'도 마찬가지다. '사물에 대해 생각하는 방법'이나 '세상사를 파악하는 방법'을 확립하지 못한 채 예측을 시도하면 불확실한 답밖에 나올 게 없다. 따라서 철학을 공부하여 일견 복잡하게 보이는 경제의 전체 구조와 본질을 인식할 수 있도록 사고력을 단련할 필요가 있다. 확고한 철학적 사고방식이 있어야 비로소 정확도 높은 경제 예측을 위한 정보 정리와 분석이 가능한 법이다.

나는 대학 시절에 아사다 아키라의 《구조주의와 포스트

구조주의》를 읽으면서 현대사상 분야에 관심을 갖게 되었고, 그때부터 철학 공부를 시작했다. 이 책을 만난 이후 내 나름대로 현대사상을 알아가며 '사물에 대해 생각하는 방법'이나 '세상사를 파악하는 방법'을 공부한 것이 경제 예측 뇌를 단련하는 데 큰 도움이 되었다고 확신한다. 철학적 사고방식을 토대로 역사학이나 심리학 연구 방법을 응용하면서 세상을 통찰하는 능력을 획득할 수 있었다.

《구조주의와 포스트구조주의》는 1983년 당시 교토대학교 조교이던 경제학자 아사다 아키라가 쓴 현대사상에 관한 책이다. 철학이나 사상에 관한 전문서적은 1만 부만 팔려도 베스트셀러라고 하는데 이 책은 10만 부 이상 팔리는 대형 베스트셀러가 되었다. 이런 난해한 전문서적이 어떻게 그렇게 많이 팔렸는지 지금도 출판계에서는 수수께끼로 남아 있다.

내가 이 책을 처음 읽은 때는 출판된 지 10년 가까이 지난 후였는데, 처음에는 내용의 절반도 이해하지 못하여 책 읽기가 힘겨웠다. 내용을 이해하려고 집중하려던 탓에 머리가 깨질 듯했던 기억이 지금도 선명하다. 그렇지만 '독

〈카오스 확대 이미지〉

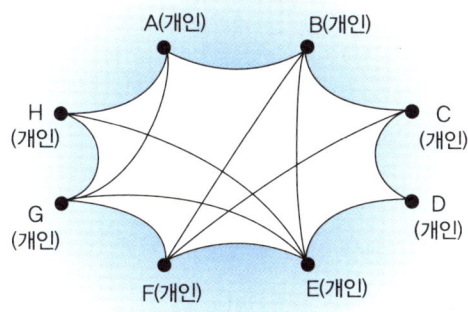

법이나 질서가 없는 사회에서는
개인 대 개인이 부딪쳐 혼란이 일어난다.

〈왕 아래 평온을 이루는 이미지〉

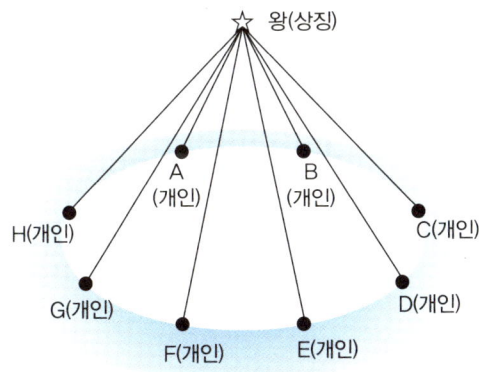

상징적 왕이 나타나면 왕을 중심으로
법과 질서 체계가 생기고 혼란이 진정된다.

서백편의자현讀書百遍義自見'이라고 두 번, 세 번 반복해서 읽자 조금씩 이해가 되었다. 내용을 이해하면서 여러 가지 새로운 발견도 할 수 있었다.

특히 '현대인은 왜 행복해지지 못할까'를 설명한 부분을 읽고 감명을 받았다. 행복을 찾아 아무리 노력해도 마음 한구석에는 항상 불안과 초조가 도사리고 있다. 이 책에서는 언뜻 논리적으로 설명이 될 것 같지 않은 그런 심리의 원인을 그 배후에 있는 '자본주의 사회의 전체 구조'를 밝히면서 명쾌하게 해결한다.

《구조주의와 포스트구조주의》에 나온 내용을 여기서 자세히 설명하기에는 지면이 모자라지만 어설프게나마 요약하면 이렇다. 우선 이 책의 1부에서 다룬 20세기 현대사상의 하나인 구조주의가 도달한 사고 방법을 정리하면 다음과 같다.

인간 이외의 생물은 자연의 질서를 흩뜨리지 않고 조화롭게 살고 있다. 다른 동물들의 생식활동이나 살생행위는 본능에 따라 자연의 질서를 혼란스럽게 하지 않는 범위에서 이루어진다.

그러나 인간은 자연의 질서에서 벗어난 존재이며, 본능이 아니라 파괴 본능인 욕망에 의해 행동하는 존재이다. 그렇기 때문에 생식활동을 넘어선 도착적 성이나 학살 등을 저지른다. 그런 욕망을 제어하기 위해 인간에게는 자연 질서 대신 상징 질서가 요구된다.

문화는 인간들이 맞부딪칠 때 형성된다. 원점은 개인 대 개인의 부딪침인데, 여기서는 서로 자신이 주인이 되려고 하며 상대방을 노예로 삼으려는 싸움이 벌어진다. 그 싸움이 여럿이 되고 복잡하게 뒤엉켜 혼란을 확대한다.

혼란을 단번에 해소하는 것이 절대적 왕의 탄생이다. 왕의 존재 아래 법과 질서 체계가 형성되어 상징 질서에 묶임으로써 인간의 욕망은 제어되고 평온이 찾아온다.

철학을 공부하여
경제의 전체 구조와 본질을 인식할 수 있도록 사고력을 단련하자!
철학적 사고방식을 익혀야 정확도 높은 정보 정리와 분석이 가능하다.

이 사고법은 프랑스의 현대사상가인 질 들뢰즈와 펠릭스 가타리의 연구에 바탕을 두고 있다. 들뢰즈와 가타리는 1972년에 발표한 《안티 오이디푸스》라는 책에서 인간의 욕망이 제어되어 문화가 형성되어 가는 과정을 다음과 같은 발전 단계로 설명했다.

① 코드화(원시 공동체)
② 초코드화(고대 전제국가)
③ 탈코드화(근대 자본주의)

코드화란 확산하는 인간의 욕망을 일정한 방향으로 이끄는 것, 즉 질서 형성이라고 생각하면 이해하기 쉬울 것이다. 《구조주의와 포스트구조주의》 1부에는 코드화에서 초코드화까지의 과정이 묘사되어 있다. 개인 대 개인을 원점으로 하는 평면적 부딪침에 의해 '질서 형성'이 진행되고, 마침내 왕을 정점으로 하는 '수직적 질서 형성'으로 발전하는 흐름이다.

《구조주의와 포스트구조주의》 2부에서는 초코드화에 이어지는 흐름으로 지금 우리가 살고 있는 '근대 자본주의' 사회의 구조와 그것을 초월한 이후인 새로운 세계의 모습이 그려져 있다. 바로 이 부분에서 '현대인이 행복하지 못하는 이유'와 그 돌파구를 보여준다.

≪구조주의와 포스트구조주의≫에서는 현대인이 행복하지 못한 이유를 자본주의 사회의 전체 구조를 밝히면서 명확하게 해명하고 있다. 즉 '인간은 돈에 속박되어 있는 한 자유로울 수 없다'는 것이다.

02 돈과 행복이 점점 멀어지는 이유

經濟豫測腦

초코드화 사회에서는 왕을 정점으로 하는 질서에 의해 사회 안정이 유지된다. 이 안정화 구조 자체가 바로 들뢰즈와 가타리 등의 구조주의 학자들이 말하는 '구조'이다.

그러나 우리가 사는 탈코드화 사회에 왕은 이미 존재하지 않는다. 영국이나 네덜란드, 스페인, 태국 등의 나라들은 지금도 왕은 있지만, 대부분 왕은 상징적 존재로 남아 있을 뿐이다. 들뢰즈와 가타리에 따르면 탈코드화 사회에서 왕 대신 질서를 낳는 존재는 화폐이다.

초코드화 사회에서 안정화의 구조는 왕을 정점으로 하

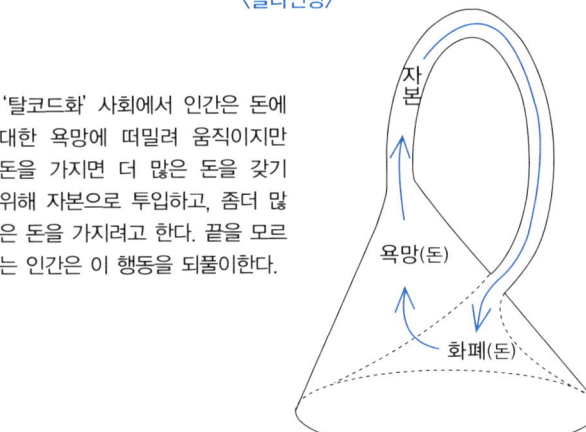

〈클라인병〉

'탈코드화' 사회에서 인간은 돈에 대한 욕망에 떠밀려 움직이지만 돈을 가지면 더 많은 돈을 갖기 위해 자본으로 투입하고, 좀더 많은 돈을 가지려고 한다. 끝을 모르는 인간은 이 행동을 되풀이한다.

는 원뿔형이다. 이와 달리 탈코드화 사회에서는 화폐가 왕을 대신하지만 사회의 정점에 군림하지는 않는다. 화폐는 정점과 바닥면 사이를 오가며 어지러이 회전운동을 할 뿐이다.

사람들은 화폐를 추종하기 때문에 화폐를 자본으로 삼아 활용하여 상품이나 서비스로 바꾸고 더 많은 화폐를 손에 넣기 위한 생산활동을 거듭한다. 좀더 풍요롭게, 남보다 행복해지려는 사람들의 생각에 따라 화폐는 자본이 되고 자본은 다시 화폐를 낳고, 그 화폐는 자본으로서 재투자된다. 무한운동을 되풀이하는 것이다. 이와 같이 화폐가 '왕좌'와 '세속' 사이를 뱅글뱅글 도는 모습을 《구조주의와 포스트구조주의》에서는 클라인병을 예로 들어 설명하고 있다.

클라인병이란 경계도 없고 안팎도 구분되지 않는 병을 말한다. 실제로 3차원 세계에는 존재할 수 없는 형태지만, 원뿔형인 초코드화 사회에 대비되는 모양으로서 동적인 탈코드화 사회의 이미지를 명확히하기 위해 클라인병을 모델로 사용한 것이다.

여기서 주목할 것은 탈코드화 사회에서는 '화폐가 클라인병에서 인간의 욕망을 반복운동의 에너지로 전환함으로써 질서를 유지하기 위한 장치로서 기능하고 있다'는 점이

> **인간 욕망의 방향을 화폐 추구로 돌림으로써 근대 자본주의가 형성되었다.**
> 사람들은 화폐를 추종하기 때문에 상품이나 서비스로 바꾸거나 많은 화폐를 손에 넣기 위한 **생산활동을 거듭한다.**

다. 파괴 본능인 욕망에 자극되어 움직이는 존재인 인간이, 욕망의 방향을 화폐 추구로 돌림으로써 근대 자본주의 질서가 형성되었다는 것이다.

다르게 표현하면 이것은 '경쟁에 의한 질서'이다. 일류 대학에 들어가 일류기업에 취직하고 성공가도에 올라 승리한다. 그러한 전형적 출세 코스는 화폐를 추구함으로써 마음의 안정을 얻기 위한 이상적 모델로 여겨질 수 있다. 탐욕이라 멸시당할 만큼 배금주의에 물든 미국형 자본주의가 그 궁극적인 모습일 수도 있다.

그러나 끝없이 돈을 추구해도 욕망은 채워지지 않는다. 좋은 대학에 들어가면 다음엔 좋은 회사에 들어가야 한다. 과장이 되면 다음엔 부장, 이사, 그리고 사장으로 새로운 목표를 향해 달려가는 것이 인간의 심리다. 마치 다람쥐 쳇바퀴 돌 듯 클라인병을 돌고 도는 우리의 모습이 거기에 있다. 전력을 다해 질주해도 마음은 채워지지 않는다. 항상 목표가 저만치 앞에 가 있기에 불안에 쫓겨 달리기를 멈출 수 없다.

탈코드화 사회란 인간이 돈에 의해 움직이고 돈에 의해

사는 사회를 말하는 것이다. 아사다는 들뢰즈와 가타리의 사상을 기반으로 하여 '근대 자본주의'의 본질을 멋지게 설명했다. 우리가 평소 마음에 품고 있는 불안과 초조의 원인은 무엇인지, 그 본질을 현대사상의 접근법으로 밝힌 것이다.

나는 《구조주의와 포스트구조주의》를 통해 '현대인은 왜 행복해지지 못할까'라는 물음에 대한 명확한 답을 얻을 수 있었다. '인간은 돈에 속박되어 있는 한 자유로울 수 없다'는 점을 깨달은 것은 그 후 나의 인생에 큰 영향을 미쳤다. 물론 어디까지나 이것은 내가 그 책을 이해한 것이며, 아사다는 다른 메시지를 전달하려고 했을 수 있다. 그렇지만 대학생이던 내게 아사다의 자본주의 사회분석론은 충격적이었고 사물의 본질을 아는 데서 기쁨을 찾는 계기가 되었다.

그리하여 분석력을 더 많이 익히고 싶었던 나는 '사물에 대해 생각하는 방법'이나 '세상사를 파악하는 방법'의 힌트를 얻기 위해 철학책을 찾아 읽었고, 생각한 만큼 목적은 충분히 달성했다. 만약 《구조주의와 포스트구조주

좀더 풍요롭게, 남보다 행복해지려는 사람들의 생각에 따라 화폐는 자본이 되고 자본은 다시 화폐를 낳고, 그 화폐는 자본으로 재투자된다. 돈을 기반으로 **무한운동을 되풀이하는 가운데 인간은 행복과 점점 멀어진다.**

의》를 만나지 못했다면 내가 사회의 구조를 분석하고 그에 따른 경제 구조를 분석을 하는 도구인 '사물에 대해 생각하는 방법'의 기본과 틀을 형성하지 못했을 것이다.

현대 자본주의 사회는 인간이 돈에 의해 움직이고 돈에 의해 사는 사회로서, 인간이 행복해지지 못하는 이유는 자본주의 구조에 있다고 말했다. 그러면 어떻게 해야 인간은 행복해질 수 있을까?

한 가지 대답으로 아사다 아키라의 《구조주의와 포스트구조주의》를 잇는 저서 《도주론》에서 제시하는 것이 '편집증형' 인간에서 '분열증형' 인간으로의 전환이다.

편집증형은 모든 과거를 적분^{통합}하여 등 뒤에 짊어지고 그것에 매달려 있는 것을 뜻한다. 편집증형 인간은 '따라잡고 뛰어넘는' 경주에 열심인 경주자이다. 그는 한 발이라도 앞으로 나가자, 조금이라도 많이 축적하자고 눈에 핏발을 세우고 달려간다.

그에 반해 분열증형은 그때마다 시점 제로에서 미분^{차이화}하고 있는 것을 말한다. 분열증형 인간은 '따라잡고 뛰어넘는' 경주에서 추월당했다고 하더라도, 금방 두리번두리번 주위를 둘러보고 말도 안 되는 자신만의 방향으로 달려가 버린다.

간단히 말해 편집증형 인간은 돈을 추구하여 클라인병을 뱅글뱅글 도는 데 반해 분열증형 인간은 그 행위를 거절하고 자신이 생각하는 대로 살아간다는 것이다.

아사다는 《도주론》에서 편집증형 인간은 결국 고속성장 사회에서만 긍정적인 의미를 띤다는 본질을 훌륭하게 밝힌다. 열심히만 하면 나름대로 지위, 보수 등의 결과를 얻을 수 있는 사회이기에 '따라잡고 추월하기' 경주가 활발해진다. 반면에 그것을 부정하는 분열증형 인간은 이상한 사람이라는 사회적 비난을 받으며 사회 부적응자로 내몰린다.

그러나 고도경제 성장의 시대가 끝나고 지금처럼 성장에 대해 많은 의문과 회의가 제기되고 있는 시대에는 편집증적 가치관이 오히려 이상한 인간으로 여겨진다. 기성사회 구조에 얽매이지 않고 자신이 생각하는 대로 사는 분열증형 인간이 정상인으로 받아들여지는 시대가 이미 도래했다고 볼 수 있지 않을까?

발표된 지 20년 이상 지난 개념이지만 《도주론》에서 가리키는 '편집증형 인간에서 분열증형 인간으로'라는 해답의 유효성은 지금도 사라지지 않은 듯하다. 그 해답은 아마도 '탐욕을 버리고 인간다운 삶을 추구할 것'과 같은 의미일 것이다.

03 본질을 말하는 경제 예측

經濟豫測腦

 나의 경제 예측은 '정확하다'는 평을 많이 듣는데, 그 이유는 경제 전체의 정확한 구조를 인식하고 다양한 학문의 정수를 분석 재료로 사용하기 때문이다. 일례로 나는 2003년 무렵부터 '미국경제가 곧 세계경제'라는 본질을 파악했다. 대출에 의존한 미국의 대량소비 덕분에 신흥국의 경제성장이 유지되고, 풍요로워진 신흥국이 미국 국채를 대량 구입함으로써 미국의 빚을 대신 떠안는 구조를 쉽게 간파할 수 있었다. 그 돈의 흐름을 이해함으로써 '세계경제는 미국경제가 지탱한다.' 더 나아가 '탈경계화로 인해 미국경제가 지구적인 규모로 팽창한 모습이 현재의 세계경제다.'라는 본질에 도달했다.

서브프라임 문제가 심각해지기 시작한 2007년 후반에는 '탈동조화decoupling'에 대한 논의가 활발했다. '탈동조화'란 '분리' 또는 '격리'라는 의미다. 상호 격리된 경제의 한쪽이 부진해도 다른 지역에는 영향을 미치지 않는다는 것이 탈동조화론자들이 주장하는 요지다. 당시 서브프라임 문제로 미국경제가 위기에 닥쳤지만 고도의 경제성장을 달성한 중국이나 러시아는 그 영향에서 벗어날 수 있다고 탈동조화론자들은 주장했다. 당시 일본은행 총재 후보를 비롯하여 많은 저명한 이코노미스트들이 미디어에서 자신만만하게 탈동조화론을 주장했다. 그러나 그 후 리먼쇼크로 인해 미국뿐 아니라 세계경제가 공전의 위험에 빠져듦으로써 탈동조화론이 틀렸다는 것이 허망하게 밝혀졌다.

처음부터 중국은 미국을 대상으로 대량 수출을 함으로써 고도의 경제성장을 실현했고, 러시아 경제는 미국의 투기성 머니게임이 원유가격을 올리면서 원활해졌다는 구도를 분명하게 이해하고 있었다면 '탈동조화론'이라는 환상이 떠돌지 못했을 것이다. '세계경제의 본질은 미국경제'라는 사실을 파악하지 못했기에 탈동조화론자들은 잘못된 길을 제시한 것이다.

지엽적 문제에 얽매이지 않고 사물을 단순화하여 파악하면 핵심적인 부분의 변화를 알아채고 미래를 더 정확하게 읽을 수 있다. 본질에 대한 이해는 경제 예측의 정확도를 높이기 위해서 절대 빼놓을 수 없는 부분이다.

'미국경제가 곧 세계경제'라는 구조를 파악했다면, 미국경제가 기울면 세계경제도 악화되고 미국경제가 좋아지면 세계경제도 호전된다는 인과관계를 분명히 알게 된다. 달리 말해 세계경제의 변화를 감지하기 위해서는 미국의 중요한 경제지표 변화를 찾아보는 것이 효과적이다.

내가 2005년 무렵부터 주목한 것은 미국의 '중고주택

> 미국의 중요한 경제지표를 살펴 세계경제의 앞날을 예측하는 것은 당분간 유효하다. 현재 세계경제는 '미국의 빚에 찌든 대량소비'에 의해 지탱되고 있기 때문이다.

판매 건수'인데, 당시에는 중요하게 여기지 않았던 경제지표였다. 미국의 경기 현황 판단에 자주 이용되는 경제지표로는 경제성장률, 고용 통계, ISM 제조업 경기지수 등 여러 가지가 있지만, 중고주택 판매 건수에 주목한 이코노미스트는 2005년 시점에서는 전혀 없다고 할 수 있다.

그러나 2005년에 서브프라임 문제의 심각성을 예견한 나는 신용이 낮은 사람에게까지 무리하게 주택융자를 해주는 것이 일시적으로는 주택버블을 일으킬 수 있어도 언젠가 이것이 빌미가 되어 파탄에 이르리라는 결론이 뻔히 보였다. 그 파탄의 전조를 찾는 데는 중고주택 판매 건수 추이를 보는 것이 유효하리라고 판단했다.

실제로 미국의 중고주택 판매 건수는 2005년 후반을 정점으로 2006년에 들어서면서 점차 감소했다. 판매가 줄면서 서브프라임 문제도 차츰 드러난 것이다. "어째서 신축주택이 아니라 중고주택의 판매 건수에 주목했는가?" 하는 질문을 자주 받는데, 대답은 단순하다. 미국의 주택시장에서는 판매 건수의 80~90%가 중고주택이기 때문이다.

이번의 세계경제 위기는 미국의 주택버블 붕괴가 원인

이므로 세계경제의 회복도 미국 주택시장의 회복에 달렸다. 즉 세계경제의 미래를 예측하는 데도 미국의 중고주택 판매 건수가 유용하다는 것이다. 중고주택 판매 건수는 2009년 1~3월을 바닥으로 하락을 멈출 조짐을 보였다. 따라서 경제위기도 최악의 시기를 벗어났다고 볼 수 있다. 다만 지금 당장 세계경제가 급속하게 회복하리라고는 생각되지 않는다. 우선은 완만하게 회복하는 시나리오를 그리고 있다. 2007년까지 누리던 세계적 호황 수준으로 회복하려면 10년에서 20년이 걸릴 수도 있다.

어쨌거나 미국을 중심으로 글로벌한 현재의 세계경제 구조가 크게 바뀌지 않는 이상, 미국경제의 변화에 세계경제가 끌려가는 상황에는 변함이 없다. 즉 미국의 중요한 경제지표를 살펴 세계경제의 앞날을 예측하는 접근은 당분간 유효하다는 의미다.

거듭 말하지만 내가 세계경제의 본질이 미국경제라는 사실을 안 것은 세계 여러 나라의 관계성을 총체적으로 파악하여 그 핵심은 '미국의 빚에 찌든 대량소비'라는 사실을 알았기 때문이다.

하나하나의 현상에 얽매이지 말고 사물을 크게 움직이는 본질을 넓은 시각에서 또는 조감하는 시각에서 파악하는 것이 중요하다. 그런 시각은 하루아침에 익힐 수 있는 것이 아니다. 나의 경우는 철학책을 비롯하여 사회, 경제, 정치 등 여러 분야의 책을 읽으며 거기에 쓰인 학자들이 사물을 대하는 방법을 접하면서 무엇을 어떻게 생각할까에 대한 사고법을 배운 것이 시각을 넓히는 훈련이 되었다.

경제 예측 뇌를 단련하겠다고 결심했다면 우선 다양한 철학책을 읽어보기를 권한다. 되도록 철학책뿐만 아니라 폭넓은 분야의 책을 접하기 바란다. 효율적으로 철학적 사고력을 익히고 싶다면 구조주의, 포스트구조주의, 포스트모더니즘, 이렇게 세 가지 사상을 익히는 것이 좋다.

앞서 소개한 아사다의 《구조주의와 포스트구조주의》, 《도주론》은 이 세 가지 사상을 대략적으로 이해할 수 있는 내용을 담고 있다.

《구조주의와 포스트구조주의》 아사다 아키라 지음, 새길
《도주론》 아사다 아키라 지음, 민음사

그 밖에 사회, 경제, 정치 분야에서 뛰어난 분석서로는 다음과 같은 책들이 있다.

사회 분석 《소비의 사회》장 보드리야르 지음, 문예출판사

경제 분석 《자본주의의 미래》레스터 서로 지음, 고려원

정치 분석 《문명의 충돌》새뮤얼 헌팅턴 지음, 김영사

이들 책을 읽을 때 적힌 내용을 한 구절, 한 단어 외울 필요는 없다. 중요한 것은 책에 쓰인 사고방식을 배우려는 마음가짐으로 읽는 것이다. 특히 아사다의 책은 난해한 용어가 많아 소설 읽듯 수월하게 읽을 수 있는 종류는 아니므로 끝까지 읽으려면 고생스러울 수도 있다. 그렇지만 마음을 다잡고 두 번, 세 번 반복해서 읽다 보면 저자의 생각과 하고 싶은 말을 이해할 수 있다.

04 뇌의 지구력을 키우는 철학

經濟豫測腦

　철학책을 읽는 행위는 어느 정도 익숙해질 때까지 무척 고통스럽다. 계속해서 생각하며 읽지 않으면 그 내용의 의미를 명확하게 이해할 수 없기 때문이다. 휴식 삼아 잡지를 읽는다든지 쉬는 날 기분전환을 하려고 추리소설이나 연애소설을 읽는 것과는 전혀 다른 일이다. 머리를 쉬게 하는 것이 아니라 오히려 피곤하게 하는 행위이다.

　그렇지만 그 행위를 반복함으로써 뇌의 움직임은 활성화되고 지속적으로 사물을 깊게 생각하는 능력이 키워진다. 한마디로 '뇌의 지구력'이 향상되는 것이다. 조깅을 계

지엽적 문제에 얽매이지 않고 사물을 단순화하고 핵심적인 변화를 알아채면 미래를 더 정확하게 읽을 수 있다.

속하면 하반신이 유연해질 뿐 아니라 점차 오래 달리는 데 익숙해진다. 신체의 지구력이 향상되기 때문이다. 마찬가지로 뇌도 단련하면 할수록 지구력이 좋아져 뛰어난 힘을 발휘할 수 있게 된다.

조깅과 뇌의 지구력 강화를 비교하는 것은 결코 비과학적 이야기가 아니다. 조깅은 대량의 산소를 들이마셔야 하는 운동인데, 뇌를 가동하는 데도 대량의 산소가 필요하다. 뇌의 산소 소비량은 전신의 약 25%를 차지한다고 한다. 어려운 책을 읽으면 뇌가 피로해지는 이유는 뇌에 산소가 부족해지기 때문이다. 그런데 철학책을 거듭 읽다 보면 차츰 머리의 피로를 덜 느끼게 된다. 이는 뇌의 지구력이 향상되었다는 증거이다.

그런가 하면 뇌의 지구력 강화와 조깅은 결정적 차이가

있다. 조깅을 하면 지구력만 단련되지만, 뇌를 강화하면 지구력과 더불어 순발력도 갖게 된다는 점이다. 철학책을 읽으면 사물을 찬찬히 생각하는 능력뿐 아니라 빠른 판단력도 수반된다.

철학책을 거듭해서 읽는 것은 '사고법'과 '생각하는 능력'을 동시에 단련하는 효율적 방법이다. 뇌의 지구력과 순발력 강화를 계속하면 어느 날 갑자기 시야가 활짝 열린다. 철학책을 읽으며 의미를 알 수 없던 부분을 명확하게 이해하게 되고, 무심히 지나쳤던 대상의 중요한 의미를 발견하는 등 다양한 놀라움과 발견을 체험하게 된다.

"지금까지는 상상도 못 했던 사고를 할 수 있게 됐다."

"예전과는 다른 각도에서 날카로운 눈으로 사물을 보게 되었다."

"온 세상이 훤히 보이는 느낌이다."

세상이 변한 것이 아니라 당신에게 세상을 뚫어보는 '사고력'이 생겼기 때문이다. 난해한 문제를 계속 생각한 결과 당신의 뇌가 단련되어 넓은 시각, 전체를 조감하는 능력이 생겼다는 증거다.

5장의 서두에서 철학이란 '지(知)의 OS'라고 설명했다. 여기서 말하는 철학은 선인들이 생각 끝에 내놓은 성과(지식)가 아니라 결론에 도달하기까지의 접근방법(사고법)을 말한다. 그 철학의 '사고법'에 지구력과 순발력을 포함한 '생각하는 능력'이 더해지면 경제 예측 뇌의 성능이 한층 향상된다. '생각하는 능력'은 컴퓨터의 CPU에 해당한다. 컴퓨터 성능이 OS와 CPU로 결정되듯, '경제 예측 뇌'의 성능도 '사고법'과 '생각하는 능력'에 달려 있다.

물론 그것만으로는 경제 예측 뇌를 제대로 작동할 수 없다. 지금까지 설명한 것처럼 역사학, 심리학, 천문학, 물리학 등 갖가지 응용소프트웨어(학문)를 이용함으로써 다각적으로 대상을 파악하고 그 의미를 생각하거나 분석해야 한다. 응용소프트웨어의 종류는 많을수록 좋다. 맛보기만이라도 좋으니 다양한 학문을 잡식해야 한다.

1장에서 서술한 것처럼 경제 예측을 하기 위해서는 경제학만 공부해서는 불충분하다. 만약 현재 당신이 경제학 공부에만 시간을 쏟고 있다면 그 시간을 경제학, 역사학, 심리학, 기타 학문에도 할애해야 한다. 그러면 더욱 폭넓은 관점에서 사물을 파악할 수 있을 것이다.

학문을 조금씩 맛보며 횡단하다 보면 지금껏 따로따로 인식하고 있던 일들이 연결되고, 점과 점이 선이 되어 보이지 않던 것들이 보인다. 넓은 시각으로 혹은 조감하듯이 세상사를 볼 수 있다면 그런 것이 가능해진다. 경제나 정치, 사회의 큰 흐름을 넓은 시각에서 보면 그 흐름이 어디를 향하는지 예측하고 정세 변화를 민감하게 인지할 수 있을 것이다.

인간은 돈에 속박되어 있는 한
자유로울 수 없다.

아사다 아키라

6

신문 읽는 능력과 경제 예측

01 사소해 보이는 기사를 주시하라

經
濟
豫
測
腦

5장에서는 경제 예측을 위해 필요한 '사물에 대해 생각하는 방법'과 '세상사를 파악하는 방법'에 대해 설명했다. 6장에서는 그 능력을 활용하여 어떻게 정보를 모으며, 선별한 정보를 어떻게 해석해야 할지, 어떻게 경제 예측을 할 수 있을지를 알아보자.

이미 앞에서 몇 번이나 말했지만 서브프라임 문제가 심각해질 것을 나는 2년 이상 전에 예측했다. 2004년부터 2005년에 걸쳐 다음과 같은 신문기사를 본 것이 계기가 되었다.

식료품이나 의류 등
저가 상품의 가격경쟁과는 달리
고가의 내구성 소비재까지 가격을
큰 폭으로 낮추면 물가하락 압력이 커지고,
경제와 국민생활에도 악영향을 미친다.

"미국에서는 일반 주택대출 심사를 통과할 수 없는 신용도가 낮은 사람들에게도 금융기관이 주택대출을 하고 있다."

"금융기관의 대출 경쟁 격화로 인해 대출 기준이 느슨해졌다. 그 결과 소득이 낮은 사람들에게도 주택대출을 해주고 있다."

두 기사 모두 중요하게 다루어지지는 않았다. 자칫하면 못 보고 넘길 만한 작은 기사였다. 바쁜 회사원이 매일 신문을 보는 시간은 기껏해야 30~40분이다. 1면과 정치, 경제면을 한 번 훑고 마는 사람도 적지 않다. 대부분은 이런 기사의 존재 자체를 몰랐을 것이다. 그러나 사소한 기사에 정치와 경제를 크게 움직일 만한 사실이 숨겨져 있는 경우가 드물지 않다. 실제로 '신용도가 낮은 사람에게 주택대출을 해준다.'는 사실이 그 후 미국경제, 더 나아가 세계경제를 뒤흔들어놓은 서브프라임 모기지 사태로 전개되었다. 그러면 나는 어떻게 얼핏 사소해 보이는 그 기사를 중요하게 생각했을까? 그 이유는 두 가지다.

첫 번째 이유는 5장에서도 언급한 것처럼 사고하는 훈련을 통해 '세상사를 파악하는 방법'을 활용해서 '호조를 보이는 세계경제는 미국의 과잉소비 위에 이루어졌다.'는 정확한 인식을 할 수 있었기 때문이다. '미국경제가 기울면 세계경제도 큰 타격을 입는다.'는 우려를 안고 미국의 금융버블과 주택버블의 팽창을 염려했기에 작게 다루어진 기사를 보며 이것이 심각한 사태로 발전하리라는 사실을 예견할 수 있었던 것이다.

또 한 가지 이유는 '신문 읽는 능력'을 갖추었기 때문이다. 내가 매일 신문을 읽는 시간도 다른 회사원들처럼 30~40분밖에 안 된다. 기사 하나하나를 상세하게 읽지는 않는다. 그 대신 기사 제목을 한눈에 훑어본다. 기사 제목만 읽어도 어느 정도 기사 내용을 알아챌 수 있기 때문이다.

기사를 하나하나 꼼꼼히 읽기보다 우선은 신문 전체에 쓰인 기사를 재빨리 조감하는 것이 중요하다. 이것도 '넓게 보는 시각'을 키운 다음에야 유효한 훈련법이다. 오늘날의 세상에는 정보가 범람하고 있다. 경제나 시장에 관한 정보도 매일 홍수처럼 넘쳐난다. 어느 정보를 선택할지 생각하기 전에 어느 정보를 버릴지 생각하지 않으면 정보에 파묻혀 생각을 정리할 수가 없다.

"나카하라 씨, 정보원을 갖고 계십니까?"

내게 이렇게 묻는 사람들이 많이 있다. 예측이 잘 맞는 것을 보고 나만 아는 정보원이 있으리라고 추측한 모양인데 그런 것은 없다. 대기업에 소속된 이코노미스트라면 특별한 루트의 정보를 얻을 테지만 나는 여러분과 마찬가지로 신문과 인터넷에서 정보를 얻을 뿐이다. 주식투자를 하는 사람 중에는 증권회사의 이코노미스트나 애널리스트들이 정기적으로 발표하는 리포트 등을 챙겨보며 주가 예측이나 상품 분석을 하는 사람도 있으나 그렇게까지 자세한 정보를 찾아볼 필요는 없다.

나의 경우 기본적으로 '정보 수집 = 사실 수집'이다. 이코노미스트나 애널리스트에게 의지하면 안 된다는 이야기는 1장에서도 했다. 그들의 코멘트에 귀를 기울인다고 경제나 주가의 앞날을 예측할 수는 없다. 따라서 제3자가 내놓는 주관적 정보보다 객관적 정보, 다시 말해 사실에만 주의를 기울인다. 구체적으로 말하면 미국을 비롯하여 유럽이나 일본, 중국 등의 경제지표나 금융시장 동향, 더 나아가 각국의 경제와 시장에 영향을 미치는 정치적 동향 등을 눈여겨보는 것이 중요하다.

경제지표나 시장 동향에 관한 신문과 인터넷 기사에는 대부분 '원인'이 나와 있다. 그러나 원인이 쓰여 있는 부분은 거리를 두고 읽어야 한다. 신문기자가 스스로 분석했든지, 전문가들의 말을 종합해서 썼을 뿐이기 때문이다. 다른 사람의 견해에 무조건 귀 기울이기보다 그 사실에 대한 자신의 생각을 정리하고 사물의 본질을 찾기 위해 노력해야 한다. 그것이 경제 예측 뇌를 단련하기 위한 유효한 훈련 방법이다.

02 신문에서 발견하는 디플레이션 징조

經濟豫測腦

178쪽의 기사는 2009년 3월 17일 〈니혼게이자이신문〉 조간 3면에 실렸던 것이다.

도요타자동차가 신형 프리우스 출시에 맞추어 그때까지 233만 1,000엔이던 '구형 프리우스'의 가격을 혼다 인사이트와 같은 189만 엔으로 내리며, 신형 프리우스도 혼다 인사이트를 의식하여 구형 프리우스의 종전 가격보다 싼 가격으로 시장에 내놓는다고 보도했다. 나는 이 기사를 보는 순간 '일본경제의 디플레이션 가속'을 확신했다.

그 후 신형 프리우스의 판매 호조가 보도되자 일부에서

〈2009년 3월 17일 〈니혼게이자이신문〉 조간 3면〉

프리우스와 인사이트의 비교

	현행 프리우스(도요타)	신형 프리우스(도요타)	인사이트(혼다)
▼ 최저가격	233만 1000엔→ 189만 엔	약 205만 엔	189만 엔
▼ 연비	35.5km	현행보다 10% 향상	30.0km
▼ 배기량	1500cc	1800cc	1300cc

프리우스 189만 엔으로
현행 모델 '인사이트'와 동일 가격

도요타자동차는 5월로 예정된 하이브리드 차량 '프리우스'의 신형 모델 출시에 맞추어, 병행 판매하는 현행 모델 가격을 대폭 인하한다. 가장 저렴한 급은 현재 233만 1,000엔에서 혼다의 신형 '인사이트'와 같은 189만 엔까지 내린다.

도요타 가격 인하

혼다에 대항하는 한편, 4월부터 환경친화형 차량 구입에 대한 세금우대책이 도입되는 것을 노려 새로운 수요를 발굴하려는 의도다. 2003년 출시된 현행 프리우스는 2008년 국내 판매가 7만 3,000대를 넘겨 모델 말기임에도 2007년 대비 25% 증가했다. 자동차 메이커는 일반적으로 신형이 출시되면 구형 모델 판매를 중지하지만 도요타는 혼다에 대항하기 위해 가솔린 차량에 비해 판매가 견실한 현행 프리우스를 대폭 인하하여 계속 판매한다. 차내 장비 간소화 등으로 가격을 억제할 생각이다. 4월에 일본에 도입 예정인 세금우대책을 보면 가격 200만 엔, 중량 1.3톤 정도인 하이브리드 차량을 구입할 때 세금부담은 15만 엔 정도 줄어들 것으로 보인다. 도요타는 엔진을 대형화하고 연비 성능을 높인 신형 프리우스도 약 205만~250만 엔으로 현행의 233만 1,000~334만 9,500엔보다 가격을 낮출 방침이다.

도요타는 또한 현행 인사이트보다 가격이 저렴한 신형 하이브리드 전용차도 2011년을 목표로 상품화할 계획이다.

는 일본 경기회복의 마중물이 되리라는 기대를 담은 의견을 피력하기도 했지만, 나는 프리우스가 팔리면 팔릴수록 일본경제는 디플레이션의 함정에 빠져들고 국민생활은 한층 나빠지리라고 예상했다.

그러면 어떻게 프리우스 가격인하에서 일본경제의 디플레이션이 가속되리라는 결론을 이끌어냈는지 차근차근 살펴보자. 애당초 도요타가 구형 프리우스의 가격인하를 실시한 직접적 원인은 앞서 출시된 혼다의 신모델 인사이트가 시장의 예상보다 낮은 189만 엔에 내놓아 판매 호조를 기록하고 있다는 점이었다.

도요타의 가격인하 결정에는 시장 확대가 예상되는 세계적 조류인 하이브리드카 시장에서 1위 자리를 굳히기 위해 이익을 줄여서라도 점유율을 확보하려는 강한 의지가 느껴졌다. 즉 점유율 확대를 노려 저가 판매를 선택한

경제 역학관계를 이해하는
사고의 흐름이 이루어져야
디플레이션이 가속될 것이라는
예측이 가능하다.

혼다에 대항하여 도요타도 같은 전략으로 승부수를 띄운 것이다. 이와 같은 점유율 전쟁이 가격하락을 초래한다는 판단은 컴퓨터 시장의 선례를 보면 더욱 분명해진다.

2007년 10월 타이완의 컴퓨터 제조사 아수스는 웹서핑과 전자메일 등 인터넷 이용을 주 용도로 한 작고 가벼운 노트북, 이른바 넷북을 일본 시장에 저가로 내놓았다. 이를 계기로 넷북 붐이 일어 아수스 외에도 역시 타이완 제조사인 에이서 같은 신흥 메이커가 일본의 컴퓨터 시장에 진출하여 급격히 점유율을 높였다.

이러한 움직임에 대해 일본 제조사는 초기에는 가격이 낮고 이익도 얼마 나지 않는 넷북에는 뛰어들지 않고 관망하는 분위기였다. 그러나 타이완에 이어 미국의 델이나 HP 등 세계적 메이커까지 넷북 시장에 뛰어들자 일본 제조사도 가만히 있을 수 없었다. NEC, 도시바, 후지쯔 등은 아무리 팔아도 이익이 많이 나지 않음에도 불구하고 점유율 경쟁에서 지지 않기 위해 넷북 제조를 시작했다.

이렇게 되자 점유율 경쟁은 더욱 격화되고 넷북의 가격하락에 가속도가 붙었다. 그때까지 팔리던 고기능, 고가격의 노트북도 넷북이 팔리면 팔릴수록 사용자를 빼앗기므로 판매가 줄어들고 넷북과 마찬가지로 가격이 떨어졌다. 컴퓨터업계는 판매 대수가 증가했는데도 이익은 감소하는 난감한 상황에 빠져들었다.

나는 자동차업계에도 컴퓨터업계와 비슷한 상황이 일어나리라고 바로 예측할 수 있었다. 프리우스 가격이 낮아짐으로써 자동차업계에서도 점유율 경쟁이 격화되고 가격하락의 압력이 더욱 강해지는 것은 피할 수 없으리라는 것이었다.

이런 흐름은 도요타자동차의 도요타 아키오 사장이 2009년 9월 8일 기자회견에서 "자동차 가격이 더 저렴해지면 수요가 증가한다는 힌트를 얻었다."라고 발언하며 저가 제품에 대한 의욕을 나타냄으로써 명확해졌고, 이어서 10월 19일 상급 차량인 마크X의 신차 발표회 때 한 기자회견이 결정적이었다. 여태껏 도요타자동차는 마크X의 새로운 모델을 발표할 때마다 가격을 올려왔으나, 이때는 이전 모델보다 약 10만 엔 낮은 238만 엔으로 가격을 정했다. 도요타 사장은 "238만 엔이라는 가격은 반드시 시장을 움

'사물의 큰 흐름을 결정할 것 같은 정보는 어느 기사에 숨겨져 있을까?', '하나의 기사가 다른 기사와 관련이 있는가 없는가?' 등을 의식하면서 신문을 읽는다.

직일 것이라고 기대한다."라고 발언했고, 이치마루 요이치로 부사장도 "품질 좋고 저렴한 제품이 팔리는 시장 분위기에 맞춰 가격을 결정했다."라고 말했다.

이는 도요타자동차가 저가 노선으로 전략을 바꿨다는 것이고, 앞으로 자동차업계에서 저가 경쟁이 격화되리라는 뜻이다. 일본 제일의 회사가 이처럼 전략을 전환하면 '파견직 계약해지'와 마찬가지로 동업계의 다른 회사들도 이를 따르리라는 것은 쉽게 추측할 수 있다.

식료품이나 의류 등 저가 상품의 가격경쟁과는 달리 고가의 내구성 소비재까지 가격을 큰 폭으로 낮추면 물가하락 압력이 커지고, 이것은 일본경제와 국민생활에도 악영향을 미친다. 머릿속에서 이러한 사고의 흐름이 순간적으로 이루어져 나는 디플레이션이 가속된다고 판단한 것이다.

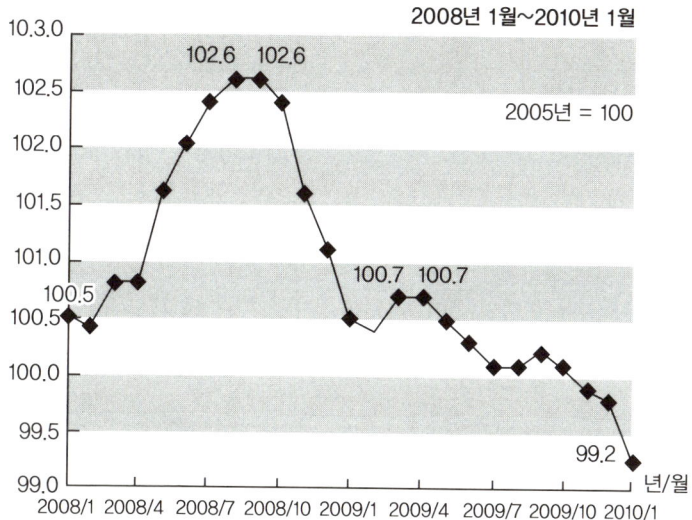

〈소비자물가지수(신선식품을 제외한 종합)〉

　실제로 도요타가 프리우스의 가격인하를 발표한 다음 달인 2009년 4월을 정점으로 소비자물가지수는 계속 하락했고, 같은 해 11월에는 간 나오토 부총리 겸 재정장관이 '일본경제는 디플레이션'이라고 선언했다. 이처럼 신문기사 하나를 보아도 경제 예측 뇌를 가동하면 앞날이 보인다. 뇌의 마라톤으로 경제 예측 뇌가 단련되어 있다면 순간적으로 판단할 수 있는 것이다.

03 어쨌든 종이신문을 읽으라

經濟豫測腦

최근에는 뉴스나 시황을 인터넷으로만 보는 사람들이 적지 않다. 물론 신문사에서 제공하는 웹 기사만으로도 웬만한 뉴스를 알 수 있다. 웹에서 전하는 뉴스 기사는 신문에 게재된 기사에 비해 내용이 생략되어 있지만, 객관적 사실만 알기에는 이것만으로도 충분하다. 게다가 속보성 뉴스라면 신문은 인터넷을 당할 수가 없다.

그렇지만 나는 '어쨌거나 신문을 읽어라.'라고 강력하게 주장한다. "정보수집 기술과 취사선택 능력을 키우려면 어찌됐든 신문을 계속 읽으십시오."라고 말이다.

신문을 읽으면 인터넷 검색을 능가하는 두 가지 이점이 있다. 첫 번째 이점은 세상의 흐름을 넓은 시각에서 파악할 수 있다는 것이다. 신문은 경제, 사회, 정치 등을 통해 세상을 조감할 수 있게 한다. 인터넷에 의지하면 정보가 지나치게 많아서 경제, 사회, 정치의 큰 흐름을 보기 어렵다. 신문의 뛰어난 점은 기자의 눈을 통해 중요한 정보와 중요하지 않은 정보를 선별하고, 그 중에서도 다시 중요하다고 여겨지는 기사를 골라냈다는 것이다. 따라서 큰 흐름을 파악하기 쉽다. 다만 앞에서도 말했듯이 사실에만 주목하고 기자의 주관적 해설과는 어느 정도 거리를 둘 필요가 있다.

두 번째 이점은 자신이 관심 없는 기사도 훑어볼 수 있다는 것이다. 인터넷에서 뉴스를 검색할 경우 아무래도 자신이 관심 갖는 주제만 따라가기 쉽다. 그렇게 되면 정보나 지식이 흥미 있는 부분에 치우치게 되고 관심의 폭도 넓어지지 않는다. 신문을 훑어보면 자신이 관심을 갖고 있는 기사뿐 아니라 전혀 관심이 없던 주제에 관한 기사도 자연히 눈에 들어온다. 읽기 전에는 결코 알 수 없던 정보가 실려 있다. 그것이 새로운 가치관이나 사물을 보는 눈을 키워주고 폭을 넓혀준다.

그러면 어떤 점에 유념해서 신문을 읽는 것이 좋을까? 정답은 없지만 내 경우는 '사물의 큰 흐름을 결정할 것 같은 정보는 어느 기사에 숨겨져 있을까?', '하나하나의 기사가 다른 기사와 관계성이 있는가 없는가?' 같은 점을 의식하면서 읽는다. 예를 들어 〈니혼게이자이신문〉은 1면, 종합, 정치, 경제, 국제, 기업, 투자, 재무, 마켓종합, 증권, 상품, 소비, 사회, 문화 등으로 분류되어 기사가 게재된다. 경제의 큰 흐름을 결정하는 기사는 정치나 국제 면에 있을 수도 있고, 상품이나 사회 면에 있을 수도 있다. 중요한 기사가 1면이나 종합 또는 경제 면에만 있으리라고 단정해서는 안 된다. 그리고 경제는 다양한 요소가 깊게 연관되어 생물체처럼 움직인다. 경제 기사가 문화 기사와 밀접한

> 매일 읽다 보면 속도가 점차 빨라진다.
> **신문 읽기에 익숙해지면 제목만 봐도 기사 내용을 대강 알 수 있게 된다.**

**두 종류 이상의 신문을 읽으라.
사실은 언제나 한 가지이지만 신문사에
따라 사실을 파악하는 방법이 다르다.**
여러 종류의 신문을 읽는 이유는
균형적인 시각으로 사물을 보기 위해서이다.

관련을 갖거나, 경제 기사에 분석되어 있는 원인이 소비 기사에 있는 결과와 이어지는 일도 빈번하다.

처음에는 신문을 읽는 데 한 시간, 어쩌면 두 시간이 걸릴 수도 있다. 그래도 매일 읽다 보면 속도가 점차 빨라진다. 나는 신문을 꾸준히 읽었기 때문에 각 기사를 연결지어 살필 수 있으며, 신문에서 습득한 사실은 모든 일을 판단하는 데 기초가 된다. 서너 종류의 신문을 읽으면 금상첨화이지만 우선은 하나를 제대로 읽는 것부터 시작하자. 특히 젊은 사람들은 반드시 신문 읽는 습관을 들이기 바란다.

내가 신문을 어떻게 읽는지 소개하겠다. 물론 고작 25~30분 만에 신문을 꼼꼼히 읽기란 불가능하다. 그러나 앞에서 말했듯이 처음에는 시간이 걸려도 신문을 읽다 보면 속도가 점점 빨라지고, 신문 읽기에 익숙해지면 제목만 봐도 기사 내용을 대강 알 수 있게 된다.

제목만 보고 내용을 추측할 만한 수준이 되었다고 가정한다면 우선 페이지를 넘기며 모든 제목을 훑어본다. 그 과정에서 관심이 가는 제목에는 형광펜으로 표시를 하며 마지막 제목까지 살핀다. 그런 다음 체크해 둔 기사를 자세히 읽는다. 형광펜으로 중요한 내용에 줄을 치고 그 내용이 앞으로 세계경제나 일본경제, 또는 국민생활에 어떤 영향을 미칠지 생각하며 읽어야 한다. 마지막으로 형광펜으로 줄을 친 중요한 부분은 컴퓨터에 입력해 두어 나중에 예측하는 데 도움이 되도록 스크랩해 둔다.

여기서 주의할 점은 너무 많은 기사에 표시를 해서는 안 된다는 것이다. 리먼쇼크처럼 엄청나게 큰 사건이나 세상을 크게 바꾸는 사건이 아닌 이상 하루에 수백 개나 되는 신문기사 중에서 중요하다고 여겨지는 기사는 3~4개에 지나지 않는다. 적을 때는 하나도 없는 경우도 있고 많을 때라도 6~7개 정도이다.

처음에는 '어느 기사가 중요할까?'를 판단하는 데만도

시간이 꽤 걸릴 수 있다. 더 걸러내지 못하고 열 가지, 스무 가지 기사를 선정하는 사람도 있을 것이다. 그래도 괜찮다. 인내심을 갖고 이 작업을 계속하다 보면 중요한 뉴스와 그렇지 않은 뉴스를 단시간에 판별하는 능력이 조금씩 생긴다. 누구도 주목하지 않는 작은 기사에 중요한 메시지가 담겨 있는 일은 드물지 않다.

한순간에 뉴스 제목만으로 중요성을 판별하는 것은 뇌를 훈련하는 데에도 도움이 된다. 무심하게 보지 말고 각각의 제목이 말하고자 하는 내용을 바로바로 추측하면서 읽다 보면 그것만으로도 뇌가 상당히 피곤해질 것이다. 힘들어도 이렇게 뇌를 단련할수록 사물을 대하는 생각이 깊어지고 관점이 넓어진다.

04 선입견을 버려야 한다

기사 제목을 살필 때 또 한 가지 주의할 점이 있다. 그것은 제목을 붙이는 방식에 따라 그 기사를 읽는 사람이 받아들이는 태도가 상당히 달라진다는 점이다. 예를 들어 2010년 1~3월 모든 상장기업의 실적이 '매출 10% 감소, 경상이익 20% 증가'였다고 하자. 이 결과를 보도하는 기사 제목을 A지와 B지는 각각 다음과 같이 붙였다.

A지 "전체 상장기업 두 자릿수 수입 감소"
B지 "전체 상장기업 경상이익 20% 증가"

제목만으로 판단하면 A지의 독자는 상장기업 전체의 실적이 좋지 못하다고 느낄 테지만, B지의 독자는 경기호조로 여길 것이다. 기사에 쓰인 실적의 내용은 같아도 독자가 한눈에 받아들이는 태도는 180도 달라진다. 기사의 중요도를 판단하는 데도 큰 오해를 불러일으킬 수 있다. 이런 제목의 차이는 각 신문사 기자의 주관의 차이에서 비롯된다. 기사의 본문만이 아니라 제목에도 쓴 사람의 편견이 들어가 있음을 잊어서는 안 된다.

여러 종류의 신문을 읽는 이유는 기사를 다루는 방식이 다르다는 점을 발견하기 위해서만은 아니다. 그것보다 더욱 중요한 것은 균형 잡힌 시각으로 사물을 보기 위해서이다. 주요 일간지마다 정치적 입장이 다르기 때문에 한 종류만 읽으면 가치관의 균형이 무너지기 쉽다. 정치뿐 아니라 경제 기사나 논설도 마찬가지이다.

6장 첫머리에서 신문을 읽을 때는 기자의 주관적 정보보다 객관적 정보(사실)를 수집하는 것이 중요하다고 설명했다. '그렇다면 신문은 한 종류만 읽어도 충분하지 않을까?' 하는 생각이 들 수도 있다. 물론 신문을 읽는 기술을

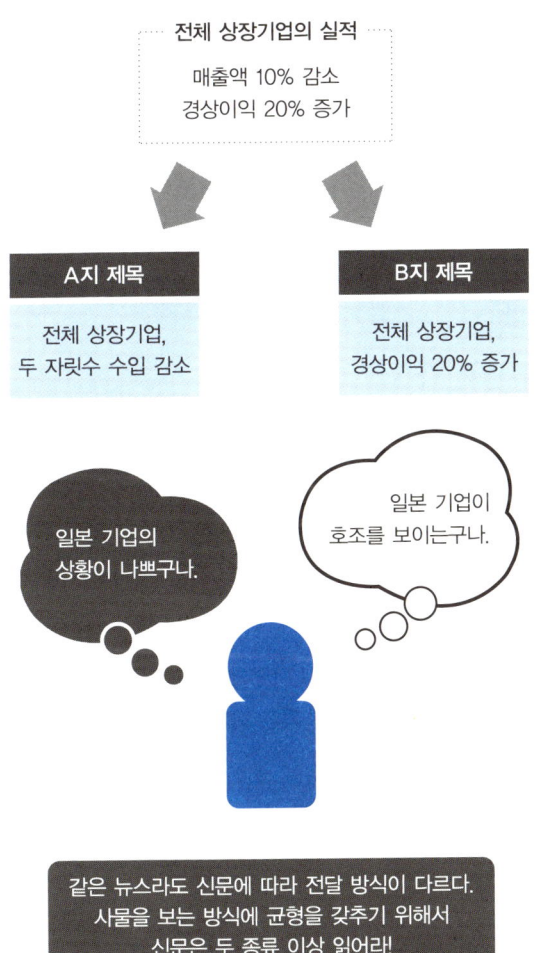

익혔다면 주관적 정보와 객관적 정보를 혼동할 위험은 거의 없다. 그러나 제목만 봐도 그것을 채택한 사람의 주관이 반영된 것이니 초보자가 기사 본문에서 주관에 따라 쓴 내용과 객관적으로 쓴 사실을 분별하기는 쉽지 않다. 그럴 때 같은 내용에 대해 쓴 두 가지 신문기사를 읽고 비교하면 어디까지가 사실에 대한 언급인지 비교적 쉽게 추출할 수 있다.

예를 들어 같은 날 시황 기사라도 신문사에 따라 다음과 같이 크게 달라진다. 아래의 두 기사는 모두 2009년 10월 15일자에 실린 것이다.

● A사 신문기사

뉴욕 주식시장에서 대기업으로 구성되는 다우존스 공업주 평균 종가가 1만 달러 대를 회복했다. 작년 10월 3일 이후 1년 만이다. 대형 금융사 JP모건 체이스와 반도체 기업 인텔의 호결산으로 경기회복에 대한 기대감이 높아져 전일보다 144.80 포인트 오른 1만 15.86포인트까지 상승했다. (중략) 시장에서는 '이제 다우지수의 신장은 꼭짓점'이라는 견해도 많으며, 개중에는 '슬슬 조정기에 접어들 가능성이 있다'는 신중론도 나오고 있다.

● B사 신문기사

다우존스 지수가 종가 기준으로 1년 만에 1만 포인트 대에 올라섰다. 기업 실적이 시장의 기대 이상으로 견실한 점과 9월 미국 소매매출이 예상을 웃돈 사실이 상승을 지원하는 재료가 되었다. (중략) 애널리스트는 다우존스 지수가 1만 포인트에 도달한 것이 투자자들의 매수를 더욱 유발할 가능성이 있다고 보고 있다.

각각의 기사를 보면 후반부에 적힌 애널리스트의 시장 판단이 정반대이다. 애널리스트의 견해는 항상 갈리며 어느 견해를 택할지는 기자나 편집자의 판단에 달렸으므로 주관 이외의 그 무엇도 아니다.

위의 기사는 쉽게 비교가 되는 사례인데, 다른 기사의 경우도 두 종류 이상의 신문을 비교해 보면 주관적인 내용과 객관적인 사실을 확연히 구분할 수 있다. 이 방법을 익히면 기자의 의견에 영향을 받아 잘못된 시각을 갖거나 옳지 않은 판단을 내릴 위험을 피할 수 있다. 사실은 언제나 한 가지이지만 신문사에 따라 사실을 파악하는 방법이 다르다. 그 점을 알기 위해서 여러 신문을 읽는 것이 좋다.

선입견에 사로잡히면 사건의 추이가 제대로 보이지 않는 사례를 하나 소개하겠다. 다름 아닌 나의 실수담이다.

2008년 9월 리먼쇼크가 발생한 이후 서구의 금융기관이 파산 위험에 놓인 것은 프롤로그에서 상세히 설명했다. 세계 최대의 증권 브로커였던 미국 메릴린치는 뱅크오브아메리카에 흡수·합병되었고, 미국 보험업계 최대 규모였던 AIG와 역시 대형 금융업체인 시티그룹이 사실상 국유화되는 등 미국에서는 금융 재편의 폭풍이 휘몰아쳤다.

그런데 미국 이상 심각한 금융위기의 습격을 받은 곳은 유럽이었다. 스위스 최대 금융그룹인 UBS는 2008년 6월 말 시점에서 425억 달러나 되는 손실을 계상했다. 이 금액은 AIG의 손실액과 거의 비슷하며 메릴린치의 367억 달러를 웃돈다. 영국 대형 금융사 RBS와 로이즈도 거액의 불량

자산을 끌어안아 사실상 국유화되었다. RBS의 불량자산은 2009년 3월 시점에서 3,250억 파운드^{약 4,620억 달러}, 로이드는 2,600억 파운드^{약 3,700억 달러}에 달했다고 한다. 두 곳의 불량자산 금액을 합치면 일본 국가예산^{약 90조 엔}에 필적하는 거액의 불량채권을 영국 정부가 떠안은 것이다.

서브프라임 문제의 진원지인 미국이 아니라 유럽에서 더 큰 금융위기의 회오리바람이 몰아친 사실에 나는 놀라움을 감출 수 없었다. 솔직히 말해 유럽의 금융위기가 이렇게까지 심각해지리라는 예측을 못 했다. 왜 예측하지 못했는지 자문자답해 보고야 내가 편견에 사로잡혀 있었다는 사실을 깨달았다.

'유럽인은 미국인만큼 공격적 투자를 하지 않는다.' 나는 그렇게 확신하고 있었던 것이다. 만약 그런 편견이 없었다면 유럽의 금융기관이 발표하는 재무 데이터를 꼼꼼하게 살펴보고 문제가 있음을 발견했을 수 있다. 혹시 특별히 문제의식을 느끼지 못했더라도 유럽의 금융기관에 관한 신문기사에서 어떤 위험은 알아챘을지 모른다. '유럽 금융기관은 미국처럼 터무니없는 투자를 하지 않는다.'

그런 선입견이 작용해서 안테나가 제 기능을 못 했다고 반성했다.

미국에 비해 유럽의 금융기관은 정보 공개가 늦어서 금융행정 담당자들조차 위험한 상황을 알 수 없었다는 의견도 있지만, 어쨌든 실수는 실수다. 나의 실수를 통해 새삼 깨달은 교훈은 사건을 볼 때는 선입견이나 확신을 배제해야 한다는 점이다.

이와 마찬가지로 경제 예측 뇌를 단련하기 위해서는 되도록 편견을 배제하고 객관적으로 사물을 파악해야 한다. 실수를 통해 얻은 교훈이 그 후 '사물에 대해 생각하는 방법'과 '세상사를 파악하는 방법'을 성장시키는 자양분이 되었다. 유럽의 금융기관도 공격적 투자를 한다는 사실을 알게 됨으로써 나의 경제 예측 뇌가 한층 정확해졌음은 틀림없다.

누구도 편견이나 선입견에서 완전히 벗어날 수는 없다. 그러나 실수를 통해 교훈을 얻을 때 좀더 객관적 관점을 가질 수 있는 법이다.

한 종류의 신문만 읽으면
가치관의 균형이 무너지기 쉽다.
기사를 읽을 때는
객관적인 사실과 주관적인 내용을 분별하여
선입견에 사로잡히지 않도록
주의해야 한다.

목적이 있는 사람은
가장 험난한 길에서도 앞으로 나아가고,
목적이 없는 사람은
가장 순탄한 길에서조차
앞으로 나아가지 못한다.
토머스 칼라일

세계경제를 바꾸는 두 가지 흐름

⑦

01 금융 의존 경제의 붕괴, 환경산업의 부상

經濟豫測腦

첫 번째 흐름 : 세계경제 시스템의 구조 전환

세계경제는 새로운 두 가지 큰 흐름에 의해 극적인 구조 전환이 일어날 것이다. 한 가지 큰 흐름은 세계경제의 성장이 미국에 의존할 수 없다는 것이다. 1장에서 언급했듯이 2007년까지의 세계경제는 미국의 무역적자가 세계를 성장시키고 세계 성장이 미국의 빚을 메움으로써 성립되었다. 미국인의 과잉소비가 세계인의 저축 수준을 끌어올렸고, 세계의 풍부한 저축액이 미국의 국채와 금융상품에 투자되는 방식으로 돈이 원활하게 순환한 것이다. 세계경제의 지

> 미국의 과잉소비에 의존하는
> 시스템이 무너진 지금,
> 세계경제를 성장시키기 위해서는
> 새로운 돈의 흐름을 만들어야 한다.

속적인 5% 성장은 이런 시스템으로 성립되어 왔다.

그러나 주택 가격과 주가 폭락으로 인해 미국인의 소비 의욕이 사그라져 미국의 무역적자액은 감소할 것으로 여겨진다. 오늘날 미국인은 주택 가격 폭락을 겪어본 일이 없다. 40대 이하 미국인들은 주가 폭락도 경험하지 못했고, 50대 이상 미국인들은 주가 폭락을 경험했다 해도 먼 과거의 일로 기억에서 지워진 지 오래되었다. 때문에 미국인들은 주택자산이나 금융자산의 감소에 대한 큰 불안을 느낀 적이 없다. 주택과 금융이 동반하여 자산이 크게 감소하는 일은 꿈에도 떠올려본 적이 없었을 것이다. 미국인들의 정신적 충격은 클 수밖에 없다. 이 충격이 트라우마가 되어 소비대국 미국은 완전히 변하려고 한다.

미국인의 소비가 늘지 않는 것은 세계경제가 성장하기

위한 돈의 흐름이 멈춘다는 의미다. 조금 지나면 그로 인해 세계의 여러 나라 사람들이 미국 국채나 그 밖의 금융상품을 살 돈의 흐름도 멈춘다. 전형적 예로 미국이 중국이나 일본에서 제품을 수입하면, 중국과 일본은 미국 채권을 샀다. 미국과 세계 각국 사이에 돈의 선순환이 멈추게 되면 세계경제의 고성장 프로세스는 붕괴되고 만다.

더욱 심각한 것은 돈의 선순환이 멈출 뿐 아니라 역류할 수도 있다는 점이다. 미국이 수출을 늘려 경기회복을 도모하려고 하기 때문이다. 이런 움직임은 2009년 후반부터 나타났는데 오바마 대통령은 2010년 1월 연두 연설에서 이후 5년 동안 미국의 수출을 두 배로 늘리겠다는 방침을 내놓았다. 실현하기 어려운 높은 목표이기는 하지만, 역사적 시점에서 그 방침을 살펴보면 앞으로 미국의 환율정책과 통상정책이 변경된다는 것을 의미한다.

환율정책에 대해 티모시 가이스너 재무장관은 "강한 달러를 바란다."라고 틈날 때마다 발언했지만, 실제로는 완만한 달러 약세를 유도하는 정책이 계속될 것이다. 통상정책에서도 수출을 늘리기 위해 경영흑자 국가에 대해 시장

개방이나 미국에서의 부당염매^{덤핑}에 압력을 가할 가능성이 높아질 것이다.

미국의 최대 과제는 '미국의 경영적자와 중국의 경영흑자를 줄여야만 한다.'는 점이다. 최종적으로 미국은 중국에 수입 확대와 위안화 절상을 강력하게 요구하여 격한 무역 마찰이 일어날 것으로 예상된다. 물론 유럽이나 일본도 어느 정도 수입 확대 요구를 받을 각오를 해야 한다.

세계가 미국의 과잉소비에 의존하는 시스템이 무너진 지금, 세계경제를 성장시키기 위해서는 새로운 돈의 흐름을 만들어야 한다. 과연 세계는 새로운 경제성장 프로세스를 만들어낼 수 있을까? 대답은 다음에 설명할 두 번째 큰 흐름에 들어 있다.

두 번째 흐름 : 금융에서 환경으로

제조업으로 수익을 낼 수 없게 된 미국은 금융으로 수익을 내는 구조를 착착 만들어냈다. 그리하여 서브프라임쇼크 이전에는 미국의 기업 수익 전체의 40%를 금융기관에서 달성하기에 이르렀다. 유럽에서도 제조업이 약한 국가를 중심으로 금융입국의 길을 걸어 금융기관이 그 나라의 GDP를 넘는 자산 규모를 가질 정도로 비대화되었다. 일본이 외수를 통해 수익을 내는 구조인 것과 마찬가지로 서구도 당장 이 구조를 바꾸기는 힘들다.

서구가 세계경제에서의 패권을 되찾기 위해서는 금융업의 육성을 부활시키든가, 전혀 새로운 경제구조를 만드는 수밖에 없다. 그러나 서구의 금융기관은 많은 액수의 불량자산이나 불량채권을 끌어안고 당분간 옴짝달싹할 수 없는 상태이다. 금융위기에 대한 반성으로 미국과 유럽 정부는 금융규제 강화 방침을 쉽게 바꾸지 않을 것이다. 물론 금융기관의 저항이 있을 테지만 미래를 읽을 수 있다면 여전히 금융에 편중된 경제에 기대는 방식은 위험하다는 점을 인식할 테니 말이다.

이에 상황을 바꿀 수 있는 두 번째 큰 흐름이 등장한다. 서구가 금융 의존 경제에서 탈피하여 환경으로 수익을 내는 경제로 전환을 도모하는 것이다. 그러기 위해 선진 각국은 재정정책을 통해 재생에너지와 에코카, 에코가전의 보급을 추진하고 있으며 기업도 환경산업이 신장하리라는 기대를 갖고 막대한 투자를 하고 있다. 미국의 유명한 투자자나 권력의 중추에 있는 인물들이 환경산업에 중점적으로 투자한다는 점도 결코 간과할 수 없는 사실이다.

석유와 가스에서 원자력과 재생 가능 에너지로 에너지가 전환되면 우리의 삶도 크게 달라지리라고 예상할 수 있다. 예를 들면 사무실에서는 IT를 사용한 더욱 효율적인 전기 이용이, 가정에서는 태양전지나 연료전지에 의한 자가발전이 보급될 것이다. 또 에너지 효율을 최대화하기 위한 인텔리전트화, 오토메이션화가 진행됨에 따라 가전제품도 더욱 효율화, 고도화될 것이다.

이것은 다시 말해 주택에서 가전제품, 자동차까지 지구의 총 인구 65억을 대상으로 상당히 오랜 기간에 걸쳐 천문학적 액수의 교체구매 수요가 발생한다는 뜻이다. 이 수요를 배경으로 전세계의 돈이 유망한 투자대상을 향해 흘러가는 것이다. 미국과 유럽의 투자자들이 유망한 환경사업에 먼저 투자하고 세계적 수요가 그 투자의 기대수익률을 낳는다. 이것이 미국과 유럽이 의도하는 환경경제의 본질이다.

서구가 환경경제로 전환하여 성장하느냐 못 하느냐는 세계 전체를 환경경제에 끌어들일 수 있는지에 달려 있다. 그런데 그 계기가 된 기후변화당사국총회Conference of the Parties, COP에서 논의는 난항을 겪고 있다. COP는 '지구환경 보호를 위해 세계 각국이 온난화 가스 배출 감축 의무를 지는 조약을 결정하는 중요한 회의'이다. 애초에 2009년 12월 COP15COP의 15번째 회의가 실패한 주요 이유는 온난화 대책의 정당성을 뒷받침할 '기후변동에 관한 정부 간 패널'Intergovernmental Panel on Climate Change, IPCC 보고서의 신뢰성이 의심스럽다고 판명되었기 때문이다. 보고서에서 과학적 근거가 부족한 각색이 차례차례 밝혀졌다. 그와 함께 이산화탄소의 증가와 지구 온난화는 관계가 없다는 일부

과연 세계는 새로운 경제성장 프로세스를 만들어낼 수 있을까? 서구 경제는 더 버티기 힘든 상황이다. 미국과 유럽은 금융으로 수익을 내는 구조에서 환경으로 수익을 내는 구조로 전환하고 있다.

글로벌 경제와 글로벌 금융은
세계경제가 긴밀하게 연관되어 있기 때문에
연동성이 높다는 본질을 갖고 있다.
**EU의 구조적 문제는 통화는 유로로
통일했지만 경제정책은 나라별로
제각각이라는 점이다.**

과학자의 지적이 신빙성을 높여가고 있다. 그러면 무엇을 위한 이산화탄소 감축이냐고 신흥국이나 개발도상국이 반발하는 것도 당연하다. 신흥국이나 개발도상국이 경제발전을 하기 위해서는 석유를 사용하는 편이 빠르기 때문이다.

이산화탄소가 지구를 멸망시킨다는 픽션을 만들어 석유에 의존한 신흥국과 개발도상국의 경제성장을 제약하는 것이었다면 이들 국가들은 거꾸로 COP16에서 상당히 엄격한 조건을 선진국에 들이밀 것이 틀림없다. 이대로는 COP16이 통합될 수 없다. 어떻게든 새로운 조약을 만들고 싶은 미국과 유럽은 비협조적인 신흥국과 개발도상국에

〈세계경제의 두 가지 흐름〉

1. 미국에 의존하는 경제발전의 한계

지금까지

- 미국의 과잉소비(무역적자)가 세계의 성장 엔진이 되었다.
- 미국의 빚(국채)을 중국과 일본 등 수출국이 구매하여 받쳐왔다.

이후

- 미국의 과잉소비는 종언을 맞고, 미국의 수입량은 감소
- 미국은 수출을 늘려 경기회복을 노리는 방침으로 전환

2. 금융 주도에서 환경 주도 경제로

지금까지

- 제조업으로 수익을 내지 못하는 미국은 금융으로 수익을 냈다.

이후

- 금융기관은 금융위기로 큰 손실을 입었을 뿐만 아니라 규제가 강화되어 자유롭지 못한 상황에 처함
- 금융 중심에서 환경 중심 경제로 전환

대해 강경한 자세로 돌아설 가능성이 있다. 어쩌면 협력하지 않는 나라들의 수입품에 제재관세를 매기거나, 이들 나라에 투자를 억제하는 조치에 들어갈 수도 있다. 어디까지나 이것은 최종 수단이겠지만, 반대하던 나라들은 백기를

들 수밖에 없다.

유럽이 지구 온난화 가스 감축에 안달인 이유는 미국과 유럽이 키운 배출권 거래제도의 존속이 걸려 있기 때문이다. 미국과 유럽 기업은 국제적 배출 감축을 전제로 2005년부터 배출권 거래를 시작했다. 새로운 배출 감축의 틀 만들기가 늦어진다면 배출권 거래 시장이 존재가치를 잃을 수 있다. 또한 유럽에서는 정부와 민간기업이 스크럼을 짜서 이미 온난화 대책 사업에 거액을 투자하고 있다. 새로운 틀 아래서 배출권 거래를 지렛대 삼아 환경경제로 수익을 낼 준비가 이미 갖춰졌다. 이제 와서 뒤로 물러설 수는 없는 상황이다.

이와 같은 유럽의 처지에 반해 미국의 상황은 조금 다르다. 미국은 고용대책으로서 환경산업을 만들려고 한다. NASA로 대표되는 우주산업을 만들 때와 마찬가지로 새로운 고용을 창출할 수 있는 환경산업의 육성을 생각하고 있다. 2009년 6월에 온난화 대책 법안이 하원을 통과했을 때, 오바마 대통령은 "이것은 지구 온난화 대책이 아니라 고용대책이다."라고 분명하게 말했다. 고용대책 너머 미국의 의도는 환경산업의 성장확대에 힘입어 세계경제의 주도권을 되찾겠다는 것임이 틀림없다. 미국에서도 환경경제를 후원하기 위해 막대한 재정지출을 하고 있으며, 대기업들이 모두 환경산업에 투자 속도를 높이고 있다.

　서구 경제는 더 버티기 힘든 상황이다. 억지로라도 환경경제를 세계적으로 확대하고 싶을 것이다. 그러나 미국과 유럽이 금융으로 수익을 내는 구조에서 환경으로 수익을 내는 구조로 전환을 마치고 새로운 경제성장 시스템을 확립하기 위해서는 COP에서 세계적 합의도 이루어야 하지만 그 전에 몇 가지 리스크를 뛰어넘어야만 한다.

환경 주도 경제로 전환하려면
세계적 합의를 이루어야 한다.
**하지만 그 전에 세계경제가 안고 있는
국채 리스크와 유럽금융시스템의
리스크를 해결해야 한다.**

02 리스크는 각국 정부로 넘어간다

經濟豫測腦

2010년 이후 세계경제의 리스크는 금융기관에서 각국 정부로 옮겨질 것으로 예상된다. 세계경제는 금융위기 이후 최악의 시기를 벗어나 거대 금융기관이 파산하는 불안은 사라졌지만, 재정정책으로 방대해진 재정적자를 관리하는 각국 정부가 새로운 리스크로 떠오를 것이다. 각국 정부는 경제위기에 대한 대책으로 민간 리스크를 대신 떠안았다. 그 덕분에 세계의 경기후퇴와 주식시장 폭락에는 제동이 걸렸다. 그러나 그 대가는 재정적자라는 형태로 더욱 무거워졌다.

2010년 들어 그리스 재정위기가 표면화하여 금융시장을 뒤흔든 뒤 몇 년 동안 재정위기는 경제 규모가 작고 수지 구조가 취약한 국가들에 파급되는 문제를 피할 수 없다. 역사적으로도 재정악화에 따른 금리상승은 그 나라의 재정상태를 더욱 악화시키고 혼란을 가중시켰다. 국채를 사줄 대상을 찾기도 쉽지 않다. 가장 두려운 문제는 세계적으로 통화 공급량이 많은 주요국, 즉 미국, 일본, 영국의 재정위기에 대한 염려이다. 현 단계에서는 주요국이 채무불이행에 빠지는 일은 없겠지만, 투자자가 리스크에 과민하게 반응하여 국채 금리가 높아지면 세계 금융시장은 대혼란을 일으키게 된다.

각국 정부가 끌어안은 국채 리스크가 현실화되면 재정정책만으로 경기대책을 지속하기 어려워진다. 각국이 경기대책을 지속하는 동안 경기와 주가가 조금이나마 회복할 수 있으나, 재정정책이 더 이상 계속되지 않을 때는 경기상승과 주가 회복은 기대할 수 없다. 버블붕괴 이후 상황이 그렇게 수월하게 해결될 리 없기 때문이다.

글로벌 경제와 글로벌 금융은 세계경제가 긴밀하게 연

관되어 있기 때문에 연동성이 높다는 본질을 갖고 있다. 그런 의미에서 그리스 재정위기는 결코 작은 문제가 아니며, 유럽연합EU이 끌어안은 구조적 약점이 드러나게 될 것이다. 그리스의 경제 규모는 EU 전체의 2~3% 정도이다. 만약 그리스가 재정파산에 이르러도 EU에는 문제없이 지원할 수 있다는 공통 인식이 있다. 그러나 이는 금융시장의 연쇄성을 무시한 것으로 매우 위험한 생각이다. 그리스가 재정파산에 이르면 그 영향이 재정악화 문제를 안고 있는 포르투갈, 스페인, 아일랜드, 이탈리아 등에 파급되는 사태를 피할 수 없기 때문이다. 이들 채무국은 금리상승에 대한 저항력이 약하고 투기의 표적이 되기 쉽다.

또한 많은 유럽의 대형 은행들이 이들 5개국에 거액의 여신을 제공하고 있어서 한 나라라도 정체에 빠지면 유럽

본인의 삶과 자산은
자기 자신이 지킬 수밖에 없으며,
무엇이든 '자기 책임'인 시대에는
모든 리스크를 스스로 뛰어넘어야 한다.
그러기 위해서 경제 예측 뇌가 필요하다.

발 금융위기가 다시 불붙을 우려가 있다. 독일 대형 은행의 5개국에 대한 여신액은 GDP의 약 20%, 프랑스 대형 은행의 경우는 약 30%에 달해 위험 수준이라고 할 수 있다.

이와 같은 흐름 속에서 EU 가맹국 중 완만한 경기회복 국면에 든 독일, 프랑스 등 주요국과 심각한 불황에서 계속 어려움을 겪고 있는 그리스, 포르투갈, 스페인 등 주변국의 경제 격차가 확대되어 EU 전체가 같은 경제정책을 채택하기 어려워진다. 금융에서도 유럽중앙은행ECB은 통일된 금융정책을 제시하지 못해 기능을 발휘하지 못할 가능성이 높다.

최악의 시나리오는 ECB가 주요국 위주의 금융정책을 택하여 주변국이 EU를 탈퇴하는 상황인데 가능성이 전혀 없지도 않다. 그렇게 되면 EU의 경제통합이라는 실험이 실패로 돌아가며 구심력이 현저히 저하될 것이다. 이때를 틈타 러시아의 동구권에 대한 야욕이 재강화될 수도 있다. 그 결과 유럽 대륙은 힘의 균형이 깨지고 미국도 말려들어 지정학적 리스크까지 퍼져갈 수도 있다(지정학적 리스크로는 미국이 이스라엘을 억제하지 못해 이란을 공격할 염려도 있으나 주제와 관련이 없는 이야기이므로 이 내용은 생략하겠다).

EU의 구조적 문제는 통화는 유로로 통일했지만 경제정책은 나라별로 제각각이라는 점이다. 이는 국가가 존재하는 한 아무리 지혜를 모아도 해결할 수 없는 문제다. 이후 몇 년 동안 세계경제는 세계적 재정문제^{국채 리스크}와 유럽 금융시스템이라는 두 가지가 주요 리스크 요인이 되리라고 파악된다.

에필로그

다가오는 힘든 시기를 가뜬하게
살아가기 위해서

경영자가 대략적인 경제 예측을 할 수 있다면 사업을 확대할 시기와 보수적으로 지켜야 할 시기를 오인하지 않고 유연하고 효율적으로 경영을 할 수 있다. 비즈니스맨도 마찬가지다. 경기 흐름을 파악할 수 있는 사람과 그렇지 못한 사람이 세우는 전략은 정밀도나 유효성에서 큰 차이가 난다. 학생도 자신이 일하고 싶은 업종이나 기업의 성장성을 어느 정도 파악하여 취직 후 인생설계를 하고, 자신이 얼마나 노력해야 하는지를 알아야 한다. 경제와는 일견 관련 없어 보이는 가정주부도 장래 가계의 수입과 지출 상황을 예상하면서 돈을 어디에 쓸지 결정해야 한다. 물론 고령자도 연금수입과 금융자산을 어떻게 효율적으로 사용할지를 생각해야만 한다. 그런 의미에서 주부나 고령자도 경영자와 마찬가지로 경제의 앞날을 분명하게 예측할 수 있는 힘을 키워야 하는 것이다.

경제를 예측하여 인생계획을 세우는 사람이 그러지 않는 많은 사람들보다 인생을 더 풍요롭게 살 가능성이 높다. 격동하는 글로벌 경제의 세상에서 살아가기 위해 우리에게 요구되는 것은 무엇보다도 경제 예측 뇌이다. 지금은 국가나 기업에 기댈 수 없는 상황이다. 본인의 삶과 자산은 자기 자신이 지킬 수밖에 없으며 무엇이든 '자기 책임'인 시대에는 모든 리스크를 스스로 뛰어넘어야 한다. 그러기 위해서 경제 예측 뇌가 필요하다.

경영자에게 가장 필요한 경제 예측 뇌

경영자는 사회의 풍조에 이끌리지 않고 경제의 큰 흐름을 파악하는 능력을 충분히 갖추어야 한다. 대략적이라도 경제 동향을 예측할 수 있다면 장래 일어날 수 있는 리스크를 막을 수 있다. 경영자는 경기후퇴를 예측한 시점에서 인원채용을 축소하고, 설비투자를 억제하는 등 경기후퇴에 대비한 경영을 할 수 있기 때문이다.

예컨대 아직 서브프라임 문제가 표면화되기 전인 2006년~2007년 무렵, 일본의 많은 대기업들은 미국과 유럽을 중심으로 하는 세계적 경기호황을 바탕으로 대규모 설비투자 계획을 확정했다. 제철회사는 신흥국을 중심으로 수출이 확대되자 고로를 신설했고, 가전회사는 판매 호조를 보이는 초박형 텔레비전의 증산을 추진했다. 증산을 위해 비정규직 고용을 대폭 늘린 기업도 적지 않았다.

대기업의 설비투자는 2008년에 완성된 경우가 많았는데, 그 시점은 최악이라고 할 수밖에 없다. 그 해에 리먼쇼크가 일어나고 세계경제가 한꺼번에 얼어붙자 대형 설비투자는 기대와는 정반대의 결과를 낳았다. 설비와 인원의 과잉문제가 심각해지자 많은 비정규직 노동자가 해고되는 사태에 이르른 것이다.

나는 2005년~2006년 당시부터 미국의 금융기관이 서브프라임 모기지라는 주택버블을 가속시키는 무책임한 융자를 하는 상황을 염려하고, 늦어도 2년 이내에 주택버블이 붕괴하리라는 예측을 했으며 책에도 그러한 예측을 썼다.

2006년~2007년에 차례차례 발표된 대기업의 설비투자를 보며 가까운 미래에 대기업은 다시 설비와 인원의 과잉문제에 직면하여 허둥대는 상황에 놓일 것이라고 생각했다. 만약 대기업의 경영자에게 경제의 미래를 보는 정확한 시각이 있다면 그와 같은 사태는 미리 방지했을 것이다.

경제 예측 뇌는 경영자에게야말로 가장 필요한 자질이다. 경영자의 판단 하나로 기업의 실적과 재무, 피고용인의 생활이 크게 좌우되기 때문이다. 아무리 자기 책임의 시대라고 해도 경영자의 판단 잘못으로 직원들의 생활이 궁핍해지는 사태는 되도록이면 없어야 한다.

경영자가 경제 예측 뇌를 단련하여 수요 변화나 시장의 흔들림을 가장 먼저 인지하고, 경제 그 자체가 이후 어떤 추이를 보일지를 명확하게 파악할 수 있다면 적절한 경영 판단을 내릴 수 있다. 불황 속에서도 기업실적이나 피고용인의 생활에 미치는 충격을 최소한으로 줄일 수 있으며, 거꾸로 호황에서는 다른 기업보다 앞서 공격적 경영으로 전환하여 커다란 열매를 얻을 수 있다.

자산운용에도 필요한 경제 예측 뇌

자산운용을 하는 데도 경제 예측 뇌는 없어서는 안 되는 능력이다. 경제와 금융시장의 움직임이 반드시 일치하는 것은 아니지만 경제의 큰 흐름을 파악하고 있으면 안정적 자산운용, 큰 손실을 입지 않는 자산운용을 실현할 수 있다.

현명한 투자자는 경기확대가 본격화되는 징후를 다른 투자자보다 빨리 알아채고 주식 등 리스크가 높은 상품에 적극적으로 투자할 수 있다. 거꾸로 경기후퇴가 시작되기 훨씬 전에 예후를 감지하고 언제든 리스크가 높은 상품을 줄일 수도 있다.

나는 2003년 5월 리소나은행이 국유화되면서 은행이 지닌 불량채권 문제를 깨끗이 제거했기 때문에 기업 수익이 개선되리라고 판단하여 주식 등 리스크 상품을 레버리지를 활용하여 구입했다. 마침 니케이 지수가 버블 이후 가장 낮은 수준이었다. 그 후 니케이 지수는 2007년 2월까지 계속 상승했으니 대략 경제와 주가는 함께 움직였다고 할 수 있다.

한편 주가 상승 과정인 2005년 시점에서는 미국의 주택 버블 붕괴를 예측하고 그 징후가 나타나면 주식 등 리스크 상품을 모두 현금화하는 계획을 미리 결정할 수 있었다. 그래서 2007년 7월 서브프라임 모기지 문제가 표면화된 직후부터 전혀 당황하지 않고 리스크 상품을 현금화할 수 있었다. 니케이 지수는 2007년 7월부터 2008년 10월까지 줄곧 떨어졌다. 미리 판단하지 못하고 그대로 있었더라면 틀림없이 큰 손실을 입었을 것이다.

주식투자를 하든 외화예금이나 FX투자를 하든, 어떤 금융상품에 투자할 경우 자기 책임이라는 냉엄한 말이 따라붙는다. 왜냐하면 페이오프 해금, 즉 예금부분보장제도를 비롯한 일련의 금융정책을 보면 국가는 "이제 국민의 금융자산은 최저한도까지만 보증하겠다.", "자신의 금융자산은 스스로 지켜라."라고 선언하고 있기 때문이다.

이전부터 자기 책임의 원칙은 있었으나 글로벌 경제의 세계에서는 이후로도 격동이 예상되기 때문에 자기 책임의 무거움을 통감하는 시대가 될 것이 틀림없다. 따라서 경제 예측 뇌가 필요한 것이다. 투자자 입장에서 정부나 중앙은행의 경기 판단은 너무 늦어서 공식적으로 경기후퇴라는 판단이 내려질 때면 이미 경제는 상당히 악화된 상태여서 주가도 크게 떨어져 있다. 소중한 자산을 지키고 늘려가기 위해서는 스스로 경제 예측 뇌를 갖출 수밖에 없다.

학문의 잡식이 경제 예측 뇌를 단련한다

나는 경제와 금융에 관한 전문 잡지의 인터뷰를 많이 요청받는 편이지만, 대학 전공은 역사학이다. 재학 중에는 흥미를 갖고 심리학, 철학, 경제학 등도 독학으로 익혔다. 그러면서 경제학이 아니라 역사학, 심리학, 철학 같은 다른 분야의 학문이 경제 예측 뇌의 능력을 높이는 데 더 도움이 된다는 사실을 깨달았다.

인간은 지금까지 수많은 사례가 담긴 역사를 만들어왔다. 과거의 역사를 검증해 보면 인간은 옛날부터 비슷한 잘못을 되풀이해 왔다. 역사를 '인간의 실수의 역사'로 파악하고 지금의 상황을 과거의 비슷한 사례에 비추어 분석하면 같은 잘못을 반복하는지, 아니면 같은 잘못을 회피할 수 있는지 정확하게 예측할 수 있다.

그 점은 경제 분야에도 들어맞는다. 경제는 인간에 의해 움직이고 있다. 따라서 인간의 심리가 크게 관여한다. 스스로 일상생활을 돌아봐도 알 수 있듯이 인간이 언제 어떤 경우든 반드시 합리적이고 바른 판단을 내린다고는 할 수 없다. 특히 경제활동에 관해서는 인간은 이상하게도 불합리한 행동을 향해 내달리는 경향이 있다. 그렇기 때문에 경제 예측에는 심리학적 사고방식이 꼭 필요하다.

한편 철학은 근대 이후 '우리가 사는 세계'의 전체 구조 본질를 어떻게 정확하게 파악할까 하는 대명제를 해결하려는 시도를 계속했다. 시대에 따라 세계의 전체 구조는 변모해 왔지만 그러한 철학적 또는 사회적 시도는 사회는 물론이고 경제의 전체 구조를 파악하는 데 도움이 된다. 철학적 사고에 익숙해지면 경제의 전체 구조를 단순화하여 추출하고 분석하는 일도 어렵지 않다. 물론 경제의 전체 구조를 파악할 수 있다면 경제 예측도 정확하게 할 수 있다.

이와 같이 다른 학문의 사고방식을 종합적으로 도입하지 않으면 경제 예측은 부정확해진다. 당신은 이제 경제학만으로는 정확한 경제 예측을 할 수 없다는 점을 이해할 수 있을 것이다. 경제 예측 뇌를 업그레이드하기 위해서는 역사학, 심리학, 철학의 관점을 익히는 것이 필요한데, 그보다 더 높은 레벨을 목표로 한다면 생물학이나 동물학, 화학이나 수학, 인류학 등 다른 학문도 익히기를 권한다. '연봉 두 배로 올리는 법'과 같은 책을 몇 십 권 읽는다고

여러 학문의 힘을 종합하여
신문기사 등의 정보에 다가가면
지금까지 알지 못했던 사실을 파악할 수 있다.
**변치 않는 현실에 무릎 꿇지 말고,
그 와중에서도 현명하게 살아갈 길을
찾아보라. 인생은 결코 길지 않다.**

경제 예측 뇌를 갖추게 되지 않는다. 로마는 하루아침에 이루어지지 않는 법이다. 학문의 잡식을 통해 뇌에 다양한 자극을 주자.

여러 학문의 힘을 종합하여 신문기사 등의 정보에 다가가면 지금까지 알지 못했던 사실을 파악할 수 있다. 또한 미래를 꿰뚫어보는 경제 예측 뇌가 키워진다는 것을 자각할 수 있을 것이다.

변치 않는 현실에 무릎 꿇지 말고, 그 와중에서도 현명하게 살아갈 길을 찾아보라. 인생은 결코 길지 않다. 길지 않은 나날을 후회 없이 살려면 경제 예측 뇌를 구사하여 실패하지 않는 인생을 걸어라. 당신의 경제 예측 뇌를 단련하여 행복하고 여유로운 인생을 즐기기 바란다.